小红书博主速成
—— 百问百答 ——

刘丙润 / 著

从限流到爆款的极速通关指南

化学工业出版社
· 北 京 ·

图书在版编目（CIP）数据

小红书博主速成百问百答 / 刘丙润著. -- 北京 : 化学工业出版社，2026. 1. -- ISBN 978-7-122-49465-8

Ⅰ. F713.365.2-44

中国国家版本馆CIP数据核字第20254R3S80号

责任编辑：葛亚丽　　装帧设计：王　婧

责任校对：宋　玮

出版发行：化学工业出版社

（北京市东城区青年湖南街13号　邮政编码100011）

印　　装：三河市双峰印刷装订有限公司

710mm×1000mm　1/16　印张5　字数80千字

2026年1月北京第1版第1次印刷

购书咨询：010-64518888　　售后服务：010-64518899

网　　址：http://www.cip.com.cn

凡购买本书，如有缺损质量问题，本社销售中心负责调换。

定　　价：25.00元

前　言

如果你在小红书平台搜索“刘丙润”这三个字，就可以找到本书作者，和作者线上沟通小红书账号的深度运营，会有更多收获。

在运营小红书的时候，你有没有遇到过以下问题？笔记突然限流、视频流量断崖式下跌、直播间突然接到让你措手不及的违规通知、合作推广的视频频频踩坑、爆款笔记的流量昙花一现、粉丝没有互动率等，各种情况层出不穷。

这些问题一般源于以下情况：其一，新人很容易犯错；其二，资深博主如果没有注意平台动向，也很容易踩坑。以前，大家要独自摸索，找出属于自己的小红书博主之路，但现在有了这本书，能帮大家节省大量的时间和精力。这本书凝聚了我过去很长一段时间的小红书实战经验，无论是账号冷启动还是流量变现，再到后期的直播博主打造以及全域流量收集，在这个过程中遇到的常见问题，我都会在这本书中给大家解答。

本书精选了小红书博主运营过程中可能遇到的诸多突发问题，不只是提出问题，还有一把锋利的刀，帮你剖析问题看本质，给出“30 秒读懂问题 +1 分钟落地执行”的极简解决方案。这不是一本堆砌理论的教科书，而是一本能帮你解决问题的小红书运营急救手册。

无论你是新手博主、品牌操盘手，还是想打造个人 IP 的创业者，都能在这里找到对症良方，让这本书成为你的运营军师吧！

诸君，加油！

目 录

第 1 章 认知基础与安全避坑 / 1

1.1 小红书认知基础全盘点 / 1

1.2 小红书安全避坑全盘点 / 5

第 2 章 账号定位，找到适合自己的最优赛道 / 8

第 3 章 如何打造爆款图文笔记 / 12

3.1 内容设计篇 / 12

3.2 内容发布及流量分析篇 / 15

3.3 内容推广篇 / 19

第 4 章 如何打造爆款视频 / 25

4.1 信息差篇 / 25

4.2 选题策划篇 / 26

4.3 拍摄与剪辑篇 / 29

4.4 内容推广篇（部分内容同 3.3）/ 33

第 5 章 如何搭建并运营爆款直播间 / 36

5.1 搭建直播间筹备篇 / 36

5.2 冷启动篇 / 40

5.3 直播运营与互动篇 / 42

5.4 付费推广及数据复盘篇 / 45

5.5 数据复盘与 IP 化 / 48

第 6 章 如何做好物推荐和开薯店 / 55

6.1 好物推荐篇 / 55

6.2 薯店篇 / 59

第 7 章 如何引流私域和做 IP 账号 / 64

7.1 引流私域篇 / 64

7.2 IP 账号搭建篇 / 67

第 8 章 如何做好全域流量 / 72

第 1 章

认知基础与安全避坑

在小红书运营过程中有一些最基础的新手认知问题，这些问题往往不显眼，但犯错后代价极大。所以我们在第 1 章中将详细拆解小红书运营时的认知基础以及安全避坑问题。

1.1 小红书认知基础全盘点

如何注册小红书账号?

手机端点击应用商店下载小红书 App，选择手机号注册、登录，填写昵称及个性签名。

电脑端打开浏览器，并搜索小红书官网，进入官网后注册、登录，填写昵称及个性签名。

注意：一个手机号，只能注册一个小红书账号。非实名认证的前提下，QQ、微信都可以登录小红书账号；实名认证的个人账号，每个人只能有一个。

如何修改小红书账号资料?

打开小红书 App，点击“我”，选择头像下方的“编辑资料”，即可修改个人资料。目前，昵称 30 天内可修改 4 次，不得包括“@、< >、/”等无效字符；小红书号只能修改 1 次；背景可无限次修改；简介 7 天内可修改 3 次。

如何换绑手机号?

当前注册的手机号非本人认证手机号，或其他原因导致需要更换手机号时，点击“我”，选择设置中的“账号与安全”，选中“手机号”，选择更换即可。

如果原手机号已经不可使用，则点击下方“原手机号已不可用”，按流程操作，更换新的手机号即可。

如何发布图文笔记？

手机端点击最下方的加号，选择“写文字”，即可发表动态，可选择下方的“写长文”，支持千字以上的文章，全屏阅读体验。

手机端点最下方加号，选择“相机”或“从相册选择”，拍摄图片或选择相册图片后，点击“下一步”，填写标题及正文，并选择对应“话题”“用户”或“投票”“标记地点”，选择“公开可见”，即可发布图文笔记。

电脑端点击小红书官网左侧的“发布笔记”，并选择“上传图文”或“导入长文”即可发布图文笔记。

如何发布视频笔记？

手机端点击下方加号，选择“相机”或“从相册选择”，拍摄或选中视频，点击“下一步”，插入“特效”“文字”“贴纸”等内容后，点击“下一步”，填写“标题及作品描述”，选中“话题”“用户”或“投票”“标记地点”，选择“公开可见”后，即可发布视频。

电脑端点击小红书官网左侧的“发布笔记”，并选择“上传视频”，即可发布视频笔记。

如何搭建小红书直播计划并进行直播？

电脑端打开小红书主页，选中“创作中心”，点击“直播管理”，进入小红书直播管理平台，选中“直播计划”立即创建即可。要注意，开播后可在实时跟播中关联提前备好的直播计划。同时，一个直播计划仅能被关联使用一次，如果是测试直播，可以复制一份正式直播计划，在测试直播时关联使用即可。

手机端点下方加号，选择“相机拍摄与直播”按键，设计封面、直播标题，选择话题，补充直播介绍等内容，选择“开始直播”即可。

电脑端小红书主页选中“创作中心”，点击“电脑直播助手”，下载直播助手后按流程操作即可。

注意：小红书电脑端下载直播助手后，如果对直播画质有需求，可以购买相机，将相机的信号输出端连接电脑，即可增强直播视觉体验。

如何参加小红书的征文活动?

手机端点击左上方三条横杠，选中“创作者中心”，点击“活动中心”，在该界面发布内容。

电脑端选中“创作中心”，点击“创作服务”，点击“活动中心”，然后点击对应活动，在活动界面点击“去发布”。

注意：征文活动一般由平台组织，往往会有较高的流量加持，如果自己创作的内容与平台征文活动方向相符，则可以直接参与；如果不相符，原则上不建议参与。

如何认证小红书专业号及认证专业号的优势?

手机端点击左上方三条横杠，点击“创作者中心”，点击“全部服务”，然后点击“升级专业号”即可。

升级为专业号后，能获得专业号的完整体验，获得流量扶持及其他特权。

如何找到蒲公英平台?

电脑端选中“业务合作”，选择“蒲公英”，并在弹出的主界面中选择“品牌和商家”或“博主和机构”，品牌和商家一般适用于个人商家，博主和机构一般适用于博主，选好后按照对应流程登录即可。

蒲公英平台是小红书的官方合作平台，无论我们与品牌方进行内容种草，还是与商家进行营销转化合作，再或者找买手进行商品宣发类合作，均要在蒲公英平台进行操作，跳过平台一来没有保障，二来容易被判定为违规。

如何完成小红书的商业内容合作?

以“与品牌进行内容种草合作”为例，电脑端找到蒲公英博主和机构界面，选择博主，打开手机上的小红书 App，扫描该网页的二维码，即可登录蒲公英平台。

在手机端弹出的界面中，点击右下角“我”，手机端往下滑会有“我的报价”，设置图文笔记报价和视频笔记报价。设置好该信息及其他信息后，点击左下方“首页”，并在该页面中查看待处理及“我的合作”，相关合作会出现在该对话框中，如商家发送合作邀约，且确认进行内容创作，按流程操作即可。

如何开一家薯店？

电脑端选中“业务合作”，点击“商家入驻”，在弹出界面中用手机号登录，并提前准备好公司营业执照、法人身份证件、部分产品的资质认证。比如在小红书平台卖书，需要准备出版物经营许可证等特殊证件，同时准备好保证金以及产品图等必需品，按流程操作即可。

如何开通产品的分销权限？

开通分销权限，目的是让部分达人或机构可以推荐我们的产品，通过给内容创作者分佣的方式来提高产品销量。

登录蒲公英平台，选中“电商带货”，在首页选中“开通分销”，点击“立即开通”，达到开通权限后，即可开通产品分销功能。

如何申请 MCN 机构？

电脑端点击“业务合作”，点击“MCN 入驻”，点击“申请入驻”，按流程操作即可。

MCN 机构入驻本意是小红书平台与有“作者孵化、内容变现”等需求的机构进行官方合作的模式。入驻成功后，平台可以给 MCN 机构提供诸多合作和支持。

如何将作品笔记设置为仅自己可见？

手机端点右下方“我”，选中已发表的视频笔记，点右上方三个点，在最下方往左滑找到权限设置，选择“仅自己可见”。

注意：如果大面积删除小红书作品有一定概率会被限流，但如果大面积将作品设置为仅自己可见，被限流的风险是比较低的。

如何注销小红书账号？

手机端点左上方三条横杠，点“设置”，选中“账号与安全”，最下方选择“注销账号”，按流程操作即可。在注销小红书账号时，需满足过去一段时间无敏感操作、没有正在交易或涉及资金大额交易订单、账号无纠纷且处于正常状态。

1.2　小红书安全避坑全盘点

哪些笔记内容创作易出现违规问题？

在小红书发表作品时，如笔记中有色情内容、侵权行为、导流行为、违法内容或其他不当内容，包括但不限于辱骂、攻击、骚扰、不实谣言、恶意诱导等，均会被判定为违规。

注意：如果某些宠物博主不慎暴露宠物的某些器官，也有概率被判定为违规。

如果图片有水印，可能被判定为侵权违规。

笔记违规后，会有哪几类惩罚？

经人工排查且确认违规行为的，小红书平台会基于违规行为采取以下一项或多项惩罚措施：

作弊数据被清除，限制展示范围，账号被禁言，账号被封禁，追究法律责任。

这里的作弊数据被清除一般指通过某些特殊方式违规涨粉，或违规获得点赞、评论、收藏等行为后，平台将你的数据恢复到作弊前，并给予对应惩罚。

笔记违规后，有哪几种补救措施？

小红书作品违反社区规范时，平台将对违规内容及用户作出相应处理，但如果对结果有异议，可以通过电脑端“创作服务平台”右下方“遇到问题反馈”，找人工客服申诉。

如平台误判，则会恢复账号权益；但如果申诉不通过，可据惩罚的严重程度来判断是否新开小红书账号。

搜索不到自己的笔记，是怎么回事？

其一，可能账号异常。进入小红书创作者中心，进行账号检测，如果账号出现异常，则需针对异常问题进行处理。

其二，可能有违规笔记。在笔记申诉处检查自己的笔记是否有违规内容。

其三，可能存在敏感词。包括但不限于QQ、微信、手机号、私聊等引流信息。

其四，可能在审核。一般内容涉及敏感信息或内容触及时事热点，审核时间会加长。

笔记一直显示审核中，如何解决？

首先，对小红书笔记进行内容自审，从三个角度分析：

其一，在小红书App上搜索小红书社区规范，并自查是否有违反社区规范的内容。

其二，自行检测笔记标题及内容中，是否有“最”“第一”“全球领先”等违规软广宣传词汇，以及抖音、快手、微信等涉及跨平台的敏感信息。

其三，筛查笔记中是否有水印、二维码、马赛克等。

如并无上述问题，则需判断笔记是否涉及时政热点、敏感事件、人身攻击、名誉侵权等。如果也没有这些问题，且笔记长期显示审核中，大概率是卡审问题，将笔记删除，重新发布即可。

频繁删除小红书笔记内容，是否会影响账号流量？

原则上不会。

很多小红书博主都说删除笔记尤其是批量删除会影响流量。根据我们的经验，删除 15～20 条以内的笔记影响流量的概率普遍偏低，尤其是删掉超过 7 天的高浏览量笔记或 7 天内发布的低浏览量笔记，不会影响数据。

但如果是频繁删除爆款笔记，尤其是近几日发布的爆款笔记，则有概率影响流量。遇到非删不可的情况，我们更建议大家将笔记设置为仅自己可见，而不是直接删除。

自己的作品被别人投诉下架，该怎样处理？

如果你的作品涉及侵权，包括但不限于图片、文字侵权，或侵犯到对方的肖像权，以对方为主体进行的申诉很难申诉成功。这个时候要么重新编辑作品上架，要么不再创作该类题材。

自己的作品被别人抄袭，该怎样处理？

很难处理。

在各大平台，无论是相似选题的抄袭还是相关灵感的抄袭，寄希望于平台察觉到侵权行为并限流，可能性很小。除非我们有足够详细且专业的证据，比如对方的视频与自己的视频台词脚本一致，或大体一致，由此进行平台投诉，是可行的；但如果我录制《7 天吃西瓜能瘦多少斤？》的减肥视频，对方录制的是《7 天吃番茄能瘦多少斤？》的减肥视频，灵感相似，甚至题材都相似，是很难申诉成功的。

第 2 章

账号定位，找到适合自己的最优赛道

我见过很多学员，定位模糊，稀里糊涂把小红书账号做到了 5 万粉丝甚至 10 万粉丝，但最终发现自己的内容压根无法实现商业变现。出现这种情况的原因只有一个：最开始的定位不谨慎、不认真，且账号做起来后，没有后续产品交付。

什么是小红书账号定位？

小红书的账号定位分为三层：第一层，用户定位，即你的作品给谁看；第二层，内容定位，即你以怎样的形式将内容展示给用户；第三层，商业定位，即你以怎样的价格去给用户做内容交付。

本质来讲，所有的小红书账号定位只有一个目的：找到适合自己的最优赛道。

账号定位不准，会导致哪些问题？

账号定位不准，最严重的问题是粉丝画像混乱，系统无法打精准标签，导致某条作品出现爆款后，后期很难出现同类爆款作品，影响到之后的商业合作及账号的 IP 变现。

小红书一共有多少赛道可供挑选？

小红书的主流赛道主要有旅游赛道、时尚赛道、美食赛道、母婴赛道、运动健身赛道、家居家装赛道、教育赛道、美妆赛道、宠物赛道、情感赛道、职场赛道、护肤赛道、健康养生赛道、个人护理赛道、商业财经赛道、医生赛道、法律赛道等多类赛道。

小红书的次要赛道包括但不限于搞笑赛道、汽车赛道、科技数码赛道、音乐赛道、游戏赛道、文化艺术赛道、影视综赛道、生活赛道、手工赛道等方向。

哪几类赛道做定位时会有特殊要求？

所有与医生、健康、法律、财经相关联的赛道，必须有相关的职业资质或执业证明。大家可以理解为我们在小红书创作专业内容，是以平台做背书的，如果我们没有证书，平台不会为我们冒险推流。

国学赛道严禁封建迷信。从某种程度上来说，国学赛道所囊括的分类很多，但对于新人来说强烈不建议做，因为风险太多，容易违规，账号被封禁概率很大，同时又很容易触及灰色产业。

音乐类、游戏类等赛道，尤其要注意不得侵权，不要拿对方的版权作品做商业活动。

美妆类、护肤类、健康养生类赛道，往往涉及产品推荐，在推荐产品时，不得使用极端营销话术。在不了解产品时，不要盲目为产品做背书。

手工类等特殊赛道，在小红书上更建议呈现出小而美的作品，不要盲目追热点，不要花哨，安安静静反而能有好成绩。

如何挖掘自身优势来匹配小红书赛道？

我给大家推荐根系定位法，帮助素人迅速挖掘自身优势，匹配小红书赛道。

第 1 步，筛选自己的核心优势。你是谁？你有哪些技能？你有哪些经历？你曾经研究过哪些领域和赛道？你曾经在哪些领域解决过哪些问题？

第 2 步，做短期规划。

第 3 步，做流量测试。测试周期为 7 天，判断自己是否适合该赛道。发表视频不得多于 3 条，图文笔记不得多于 5 条。

第 4 步，确定人设。设计口头禅、设计金句、设计钩子、设计封面等内容。

第 5 步，持续创作，深度优化。

没有明显特长的人如何做好账号定位？

如果没有任何创作经验，同时又没有美妆、护肤等小红书商业种草赛道的经验阅历，有如下通用赛道可以选择：

职场博主，只要在职场中有过工作经验的小伙伴，都可以尝试创作。

VLOG 赛道，记录自己的日常生活，如生活中发生的一些趣事，但需要有较强的镜头表达感。

宠物博主，如果有宠物，可以记录宠物的日常。

减肥博主，如果有减肥打算，可以通过拍摄减肥视频来获得关注。

已有其他平台创作经验，如何匹配上小红书赛道？

首先，在个人简介界面备注好全网同名，方便其他平台的流量导流到小红书平台，同时要确保小红书平台的名称和其他平台完全一致。

其次，作品的调性尽可能向小红书平台靠拢，包括但不限于增加知识含量、适当种草，以及调整说话风格、拍摄风格、封面风格、视频氛围等。

最后，挑选一些适合小红书赛道的题材，并参加小红书的征文活动，争取流量最大化。

小红书热门赛道如何破圈？

所谓的破圈，是告别自己之前的小圈子，加入一个囊括之前小圈子的更大圈子，认识更多优秀的人，参加更多更棒的线上、线下活动，提升自己视野的同时，获取更多的流量和关注。

方法一：在保证核心定位的前提下，扩大内容边界。比如我们是减肥博主，可以把减肥与美食结合在一起，拍摄 VLOG 记录日常生活。

方法二：展现商业价值。包括但不限于在小红书平台参加品牌商家的商业合作，超额完成任务指标，并积极与甲方互动，寻求线下参观企业后再拍摄商单的机会。如果可以，这将是一次非常不错的破圈之旅。

方法三：运营 2～3 个小红书账号。设计一个主账号，以及 1～2 个日常生活号或者小号，粉丝量尽可能冲刺到 1 万～5 万，防止大号因某些原因违规限流或封禁，间接保证自己的收入。

小红书冷门赛道如何突破流量瓶颈?

方法一：不死磕赛道垂直。比如手工赛道，如果我们只做垂直赛道内容很难有高爆款流量，我们可以关注热点事件或流量内容，同时用自己的专业能力来 DIY 某款产品。

方法二：做双赛道。正所谓“东边不亮西边亮”，当确定我们选择的赛道是冷门赛道时，可以同时尝试另外一个热门赛道，做两个小红书账号，这样既可以通过热门赛道的小红书账号获得高额流量、高额变现，又可以实现自己的冷门赛道小红书账号的 IP 孵化。

方法三：做好笔记标题。冷门赛道也是赛道，仍然会有不少读者浏览或检索，我们在设计标题时，要有明确的可被检索的名词，以此来增加曝光率。

定位后如何找自己的对标账号?

方法一：关键词检索法。比如职场博主设计的选题为“如何在面试时争取高薪资”，我们把这句话放到小红书平台进行检索，找到对应爆款视频后，点击进入视频主页，所有出过爆款视频的小红书账号，理论上都属于优质对标账号。只不过要判断，该优质账号是否具备可借鉴性。

方法二：在 App 发现页面，找对标账号的笔记内容，同时关注对标账号。

方法三：借助数据平台来一键检索，比如千瓜数据。注意：对标账号不建议找粉丝大于 10 万的，这些账号要么有特殊机缘粉丝暴增，要么是老牌小红书作者，他们创作的内容有固定的黏性粉丝，并不适用于新人起步阶段借鉴。

如何做账号包装?昵称、头像、简介如何设计?

账号包装得越好，被粉丝信任的概率越高，未来实现商业变现的概率也越高。我给大家提供一种最通俗的昵称、头像、简介的设计方法，大家可以一键套用。

昵称：艺名 + 赛道，比如“刘丙润讲美食”；

头像：高清形象照、有活力的生活照，或与创作内容相匹配的工作照；

简介：我是谁 + 我要分享的内容 + 我的成绩 + 目前可承接的商业合作。

第3章

如何打造爆款图文笔记

在小红书平台，如果连续创作多篇爆款笔记，有很大概率接到商单。此外，笔记爆款往往意味着粉丝量增加、粉丝黏性增加、商业价值增加。更重要的是，爆款图文笔记相较于爆款视频笔记更容易创作，成本也更低。

注意：3.3小节和第4章有部分内容重叠，因图文笔记的推流和视频笔记的推流有很大的相似之处，所有基础技巧全在3.3小节中讲解清楚，至于特殊技巧，我们会在第4章中单独讲解。

3.1 内容设计篇

如何挖掘高潜力选题？

方法一：热点找寻法。点击小红书App右上方放大镜，下滑到最底部，显示小红书热点。该榜单是小红书根据平台内用户的真实行为进行计算，并挖掘小红书平台内受到广泛关注的热点和趋势内容形成的榜单，更符合小红书平台算法。

方法二：热点迁移法。我们以小红书热榜中“梭子蟹的N种做法”为例，暂定小红书赛道为职场赛道。那我们如何将热点选题与赛道相结合呢？其实可以做一个脑洞发散，比如：在家做好梭子蟹给同事们吃，拉近关系。我们要想办法把热点转移到我们的赛道中，这就是热点迁移法。

方法三：对标账号法。我们在小红书通过关键词检索，找到粉丝数相对少、笔记点赞多、近期有发布作品的优质账号，这类账号在内容创作、内容选题上具备高感知度，我们可以借鉴他们创作的选题，但一定要保证原创性。

方法四：关联对标账号法。我们按方法三找到对标账号后，先不要点击关注，而是进入对方主页点击关注，小红书会弹出“关注他的人也关注了”，下方会有10个关联账号，我们再按照方法三的标准去筛选这10个关联账号，以此类推，找到至少20个对标账号。

方法五：借助高效工具。包括但不限于千瓜数据等软件。

方法六： 跨平台热点找寻法。全网的热点事件基本是通用的，所以我们可以按方法一的标准找到抖音、快手、微博、B 站、知乎、今日头条、百家号等诸多自媒体平台的热点事件，但热点事件未必适配小红书平台，我们要认真筛选。

长尾流量选题与即时热点选题，发布优先级排序

长尾流量选题，一般是高质量且垂直的 IP 赛道选题。

即时热点选题，一般指实时热点，同类型博主或跨赛道博主发布该类热点后都爆火了。

在这种情况下，优先建议创作即时热点选题，并在当天发布一条长尾流量选题，以此实现效益最大化。热点选题在所有选题中，占比不应该高于 1/3。

爆款图文笔记标题的万能公式

我们以职场赛道为例，暂定选题如下："如何让领导主动给你涨工资？"

公式一： 具体数字 + 结果 / 好处 + 目标人群

3 个话术模板 +1 个关键时机，让领导主动给你加薪！

公式二： 痛点场景 / 问题描述 + 解决方案 / 结果

不敢开口谈加薪？教你用"价值公式"说服领导！

公式三： 惊人 / 意外 / 反常识的观点 / 结果 + 省略号 / 问号

涨薪 30% 的同事，其实只多做了一件事 ......（不是拍马屁！）

公式四： 模拟对话 / 描述场景 + 核心价值 / 情绪点

"领导，我想聊聊薪资 ......"这样开场，成功率飙升 90%！（附避坑指南）

公式五： 行动 / 方法 + 带来的具体 / 诱人结果

用这份"加薪自检清单"，让领导看到你的不可替代性！

封面图设计的核心三要素

封面图设计得好坏直接关系到用户群体的点击与否，尤其是小红书的"双瀑布流"，会导致用户在下滑图文笔记或视频笔记时速度加快。封面不优质，不能吸引到

用户群体，很容易造成辛苦做的小红书笔记无人观看的窘状。

要素一：配图匹配场景。是职场赛道的小红书博主，配图就要有职场要素；是美妆、护肤赛道的小红书博主，配图就要有美妆、护肤要素。要保证配图与设计的小红书笔记内容完全匹配。

要素二：关键词强化信息。大字居中、四角包围，用显眼色块或符号标注核心词，均属于强化信息。小红书封面的核心，要让用户在3秒内知道我们传递的最核心信息，以此来抓眼球和找准用户群体。

要素三：满足基础标准。比如小红书的图文封面包括方版、横版和竖版，小红书的视频封面包括竖版、横版。图片的分辨率一般不得低于720×960，这些基础标准我们要满足，防止因封面违规而出现限流情况。

爆款图文笔记的结构模板

爆款图文笔记的结构模板有五个：

模板一，痛点共鸣型。

讲痛点＋打造共鸣＋真实案例拆解＋解决方案

模板二，架构转化型。

关键点前置引话题＋吸引用户兴趣＋提升阅读欲望＋最终行动导向

模板三，干货清单型。

引入需求＋清单盘点＋清单解决问题＋总结

模板四，情绪激励型。

戳痛点＋给方案＋做呼吁＋引关注

模板五，对比反差型。

提概念＋对比＋分析优势＋分析劣势＋总结结论

我们以痛点共鸣型为例，以“年轻人不要长期熬夜”为选题创作养生赛道的图文笔记。

笔记标题：

熬夜3年，我的肝酶超标3倍，“00后”自救指南！

你是否经常熬夜到凌晨3点，白天困了就通过喝咖啡“续命”，导致身体综合体能越来越差，体检报告甚至屡屡标红？（讲痛点）

我曾年少轻狂，和很多年轻人想的一样，体质不错，经得住深夜摧残。（引发共鸣）

可没想到前两日因此直接住进了医院。（真实案例拆解）

我遵循医生的建议，决定早睡早起。但长期的作息紊乱，很难让我适应健康的生活节奏，所以我采用了一些方法，希望这些方法也能够帮助到经常熬夜的你。

方案一、二、三、四。（解决方案）

补充：小红书图文笔记不只有文字，还有图片，往往图文结合更能引起读者关注。我们拆解的爆款笔记模板只简单用作案例示范，具体内容创作时，要图文结合。

图文笔记的三种内容风格测试

目前小红书图文笔记通用风格有以下三种：干货价值风格、轻松阅读风格、吐槽风格。

干货价值风格的核心优势在于信息密度高，用户信任感强，作品的收藏数、转发数高；劣势在于制作成本高，阅读门槛高，且很容易被抄袭、复制。

轻松阅读风格的核心优势在于内容传播速度快，用户阅读沉浸感强，且互动率高；劣势在于信息密度不够，生命周期短，且易被模仿。

吐槽风格的核心优势在于能够引发共鸣，传播速度极快，且夹杂用户的真实感悟；劣势在于易引起争议，适用领域窄且易违规。

对于新人创作者来说，强烈建议选择轻松阅读风格的图文笔记；对于老作家来说可以考虑干货价值风格；而对于成熟小红书博主来说，谨慎使用吐槽风格。

3.2　内容发布及流量分析篇

如何选择热门标签？

图文笔记标签本意是为了帮助系统分类，做到精准引流，顺便蹭热点流量，所以标签要同时满足上述三点需求，不能为了选而选，否则标签是热门，但作品未必是热门。

标签一般选择 3 个左右即可，过少曝光机会少，如果过多很有可能导致流量不精准。

选择热门标签的最优方式为同行借鉴法。比如我们创作的内容为“合理饮食，健康减肥”，那可以在小红书搜索框中输入“减肥或饮食减肥”，查看爆款的小红书笔记所挂载的标签分别是什么，找5～10篇小红书笔记查看挂载的标签，取交集即可。

如何创建自定义话题？

目前，商业话题中的自定义话题价值最高，需要我们有蓝V认证的小红书号，在首页界面点左上方三条横杠，点击“专业号中心”，在下方常用功能中点“更多功能”，点击“商业话题”。

每一个蓝V的小红书账号，都可以免费申请和运营一个与专业号名称相关的商业话题，聚合用户笔记。这些特定话题，本质已经做到了商业化运营。

如果我们本身有商业化活动，那么发布图文笔记前，设计一个与我们产品相符的商业话题，并在之后所有的笔记都挂载该话题，可以吸引对该内容感兴趣的用户，但如果我们没有蓝V账号，则没必要创建自定义话题。

图文笔记发布的最优时间？

小红书的通用黄金发布时间为：

工作日上午7:00～9:30，中午12:00～13:30，晚上18:30到22点；假期10:30～22点。

除通用黄金发布时间外，还包括各大垂直赛道的发布时间，但基本集中在中午、晚上这两个大时间段。

在这里给大家讲解三点底层逻辑。

逻辑一：黄金发布时间本身对作品的流量影响没有想象中的那么高。原因很简单，当所有人都知道这个时间点是黄金发布时间后，大量的小红书博主都会在这个时间段集中发布，虽然观看的读者群体多了，但是作品也是同比例增加的。

逻辑二：所谓的黄金发布时间，本身是追踪读者的休息娱乐时间得到的结果。所以当读者在某个时间段有休息、有娱乐、有假期时，我们就可以在这个时间段往前推半个小时到两个小时发布作品，迎合读者的娱乐时间。

逻辑三：黄金发布时间是估值，并不存在所谓的某些赛道的某一个时间节点发布更精准。大家可以理解为，黄金发布时间就是抢占读者的休闲娱乐时间，不需要太过刻意地找某个时间点。

如何根据用户活跃时间段调整发布时间？

只有两种情况，我们会调整发布时间：

情况一：某一突发热点出现，且与我们创作的赛道直接关联。比如我们的赛道中包含大量的中小学教育，而某位学生通过某种特殊的学习方式顺利考入了北大、清华，这件事引起了诸多家长的关注，搜索量突然暴增。

出现这种情况时，大家要考虑用户对这个话题的活跃时间由原先的午休、晚间休息时间变为了全天 24 小时，即用户的活跃时间增加了，所以我们不需要遵循原有的时间节点发布内容，甚至可以改为 24 小时内什么时候创作出优质作品就什么时候发布。

情况二：某些特殊类型的节假日或者娱乐日。比如教师节、父亲节、母亲节、儿童节、元宵节。

我们发布这一类内容时，也可以忽略最优发布时间，什么时候创作完就什么时候发布，因为在这段时间里，总会有用户活跃。

需要牢记：用户休息的前半个小时到两个小时，这是我们发布作品的最优时间。因为我们的作品从发布到审核、到平台推流，周期就是半小时到两小时。这样用户在休息时就可以看到我们的作品，而用户集中观看作品，又会将作品推向下一流量时段，增加曝光。

笔记冷启动的实用技巧

一个图文笔记能否成为爆款，主要从观看时长、完播率、点赞、评论、转发、涨粉等维度来进行分析。

我们冷启动作品的方式有两种：转发和评论。

我们可以将创作完成的小红书笔记转发到微信群，引导粉丝或朋友观看。

此外，我们也可以引导用户评论，同时，对于用户的评论，我们也要积极互动。

爆款笔记的核心数据指标

点击小红书作品页右上角的三个点，点击“数据分析”，在数据分析界面能看到数据概览、流量分析、内容分析和观众分析。

在数据概览界面，“笔记诊断”是最重要的，其中视频画质要在 40% 以上；封面点击率要在10%以上；涨粉数最好能超过80%，甚至85%的同类作品；完播率视作品时长而定，一般作品时间越短，完播率越高。

基础数据中，2秒退出率一定要低于40%。

平均观看时长、完播率、涨粉数视作品时长和内容而定，理论上越高越好。

若封面点击率持续低于5%，必须考虑标题和封面是否合格。

点赞数、评论数、收藏数、分享数、弹幕数视作品类型，越高越好，可以在评论区引导用户点赞或评论。

流量分析栏能看到作品的观看来源，其中首页推荐和视频推荐一般在80%左右，特殊情况除外。

在最下方可以看到曝光加热，有官方扶持的曝光次数。

观众分析界面，一般用于账号成型后的商业运营。

如何通过留存趋势倒推内容优化点？

后台找到创作笔记，点击“内容分析”，能看到留存趋势。留存趋势一共有两个轴，我们以X轴、Y轴代称，X轴指作品时长，Y轴指用户观看比例。

随着作品的播放时长增加，留存的读者用户越来越少，我们要找到数据明显波动的视频对应播放时间点，自我纠错，判断是否因笔记出现问题，导致用户反感，且留存下降。

如果我们的留存趋势表下方有小红书的官方建议，比如“超过46%的用户在5秒内离开，可尝试将精彩内容提至开头”，我们一定要重点关注并修改。

笔记流量下滑的常见原因

原因一：触发违禁词或敏感内容限制。做软广、硬广时，讲到“最顶级、绝对、保证”等极限用语，或涉及低质内容及非原创图文内容。

原因二：引流私域嫌疑。作品中有明示、暗示的微信号、二维码、跨平台跳转链接等。

原因三：图文不匹配。比如内容是美食分享，而图片讲的是21天极端饮食法。

原因四：涉嫌流量造假，或账号运营问题。包括但不限于花钱买流量或多设备、多频次切换账号登录。

原因五：内容没有创新。内容重复创作，容易导致读者厌倦。

原因六：内容不吸睛。读者一眼望过去，没有可抓眼球的内容，导致留存率急速降低。

原因七：极度不活跃。长期不更新作品可能会影响流量，需复更一段时间，流量才能恢复。

3.3　内容推广篇

付费推广的意义和价值是什么？

付费推广的本质是“花钱从平台买精准流量”，这 10 个字缺一不可。

平台有泛流量，但泛流量带来的用户未必对我推广的产品、理念或商业服务感兴趣。

平台有精准流量，但精准流量不可能平白无故汇集到个人账号。

这也就有了花钱买流量的情况。

假定我们在小红书平台推广鼠标垫，把用户归为 4 档，分别是无购买意向的客户、有潜在购买意向的客户、准备购买的客户和已经购买过的客户。

那我们在平台花钱推广后，就可以尽最大可能把无意向购买的客户剔除。

把尽可能多的流量投喂给准备购买的客户，同时把部分流量推给已经购买过的客户和有潜在购买意向的客户。

哪些笔记更适合付费推广引爆？

我们要了解一个概念：当笔记被付费推广时，就意味着这条笔记能带来的商业价值，最起码能抵消付费推广的费用。

我们接下来讲，哪些笔记更适合付费推广，必须基于上述概念来讲！

适合付费推广引爆的笔记如下：

避坑指南，反向推荐：如自己在过去 5～10 年，使用过某种类型的产品、某几样款式，最终发现某一款产品的性价比最高。

真实体验直戳痛点：表明自己的诉求，同时在网上购买某款产品，最终发现这款产品给自己带来的帮助极大。

产品比对激发购买欲：不同品牌相同功能的产品做横向对比，最终得出结论，某款产品的性价比最高。

付费推广与自然流量如何平衡?

明确一点：付费流量就是会压制自然流量，因为站在平台角度分析，付费流量与自然流量完全出自两个不同的流量池。

对于博主来说，自然流量为主，付费流量为辅，且能保证产品卖出去，如此性价比最高；付费流量为主，自然流量为辅，把产品卖出去，性价比偏低；自然流量为 0，付费流量为 1，把产品卖出去，性价比极低。

那我们如何平衡自然流量和付费流量，尽最大可能把自然流量抬高，付费流量压低，同时不影响产品营销呢?

唯一方案：精准筛选人群的同时优化素材，在笔记付费推广的过程中，尽可能开直播，通过主播的专业话术，提升转化率，优化直播间人、货、场，让免费直播蹭上付费笔记的流量。

预算有限，如何制定笔记的小额试水推?

点击需要推广的笔记右上方的三个点，找到薯条推广界面，选择对应按键，小额投放的推广金额一般在 100 元左右；启动时间选择用户娱乐时间，增加曝光人群；推广时间一般选择 12 小时。

在“推广给谁”选项中，如果是新人博主，可以选择智能推荐；如果是老手博主，可以自定义人群，可选择方向为特定性别、特定年龄、特定地区和特定兴趣偏好，尤其注意，特定兴趣偏好最重要。

选择完毕后，点击“立即支付”，等推广结束后可以查看推广订单，要侧重关注推广效果以及笔记流量 7 日趋势。

推流时兴趣、行为、地域等关键信息如何设置?

付费推广的目标人群不要自己选，直接用 DeepSeek 一键调试即可，调试指令如下：

我的推广产品为 ________，产品的核心卖点为 ________，产品的核心价值为 ________，笔记的核心主题和关键词为 ________，产品的价格为 ________，现在我要在小红书平台做薯条的小额推广，我想设计自定义人群，其中包括性别、年龄、地域和特定兴趣偏好，请你针对上方已知信息，帮我做出选择。

小红书几种不同的推流模式如何区分？

模式一：薯条。适用于个人号、企业号，且基本无使用门槛，主要目的在于提升互动、增加曝光以及涨粉。门槛低，且投入成本低，但效果一般，不太精准，新人可以大胆尝试。

模式二：聚光。这种方式主要适用于获客或线索收集的企业商家。这里的线索收集要重点强调一下：一般指收集意向用户线索，投放时需蓝 V 账号，且不能直接用于变现，而是用于后端的私域变现。

模式三：千帆。一般用于有产品交付的商家或个人，对素材要求很高，对产品的成交、ROI 的提升效果很好，需要核算成本，一般投入成本偏大。

模式四：蒲公英。一般用于品牌方，该模式并不是普通推流模型，可以理解为“把产品交付给某一位创作达人，可以帮助我们创作视频，宣传品牌”，因需要直接与创作者对话，费用较高。

付费推广时，如何预留转化钩子？

下面的这些话术大家可以适当挑选 1～2 个，但只要付费推广，就涉及商业问题，商业的过度推广或虚假推广是绝不允许的。

“某明星没骗我！ ______ 界天花板！”

“整个 ______ 都在问我要链接！”

“专柜价 1999 元？我薅到同源厂清仓！ 199 元拿下 ______ ！”

“每天 3 毛钱养出 ______ ！”

“7 天无效退款！ ______ 包赔！”

“顺丰包邮 + 开箱视频保真！假一赔十！”

付费推广笔记如何承接流量?

付费推广带来的爆款流量是我们真金白银投资出来的，在这种情况下，就不要想着后续如何创作内容，或如何设计内容，而应该想如何把这一部分现有流量消耗完。

其一，开直播。在你准备充分后，越快开直播越好，因为笔记爆款必然会引起更多人关注，而且我们付费推广的笔记，吸引的大概率是与商业有关的粉丝，所以立刻去直播，带来的效益最高。

其二，评论区挂载商品。现在的小红书经过一轮轮的商业迭代，已经允许我们在评论区挂载产品了，这解决了很大的流量难题。

其三，研究爆款笔记。爆款的原因很多，当然，付费是主要原因，但除付费之外，还有一些其他原因也很重要。复刻该条笔记，在接下来的 10～20 条笔记中，最少有 4～5 条笔记与本条笔记内容极度相似，继续去推爆款。

如何做好评论区运营?

只要是做商业付费，评论区就一定会有质疑声和不愿付费的用户。

如果不去控制或处理这些评论，很难做好产品交付。

方法一：发布置顶高质量评论。用户第一时间看到的往往是置顶评论，具有导向性。

方法二：删除争议性评论。如果只是单纯的产品争议，我们可以给对方答疑解惑，但如果上升到人身攻击，甚至地域歧视，第一时间删评。

方法三：鼓励潜在用户或有意向购买的用户在评论区积极互动。为他们答疑解惑，把评论区当作公开的答疑空间。

投放 ROI 是什么意思？如何保证不亏本?

ROI= 营业收入 ÷ 广告支出

为便于大家理解，我们举例如下：

在小红书售卖鼠标垫，售卖价格为 15 元，进货成本价为 3.5 元，同时投入广告费 1 万元，最终营业收入为 3 万元。

通过上述方程式计算，最终得出来 ROI=3

但这个“3”有个问题，我们不知道这种投入方式是亏是赚，所以我们需要引入另外一套公式，算出我们的保本 ROI。

保本 ROI=1÷ 毛利率。

此时我们需要计算毛利率，毛利率 =（营业收入—成本）÷ 营业收入

我们再代入之前鼠标垫的数据计算，

毛利率 =（30000 – 10000 – 30000÷15*3.5）÷30000=0.43

保本 ROI=2.32

前面已算出 ROI 为 3，明显大于 2.32，所以有利润。

如何保证投流时素材库的优质更新？

确保投流时素材库的优质更新，前提是素材库已经衰退，那素材衰退的核心指标有两个：其一，点击率下降。如果点击率持续下降，说明用户对素材的兴趣下降。其二，转化率持续下降。如果点击率稳定，但是购买人数明显减少，则表明素材的吸引力是没问题的，但是用户的购买欲望降低。如果 ROI 下降，那就表明素材的整体效果变差。

在这种情况下，我们要保证优质素材的更新，有三个解决方案：

第一，优化开篇 10 秒，要在 10 秒内抓住读者眼球。

第二，强化卖点，确保用户对产品感兴趣。

第三，更新爆款素材，有一条捷径，从其他同款作品中找寻灵感。作为商家，可以在小红书蒲公英平台查看其他博主的灵感。

投放成本突然升高时，具体的解决方案？

市面上一些博主在讲这一点时，一般建议投放成本一旦升高，马上去换素材。这种方式可行，但是我不建议。

大家要看投放成本突然升高，是否达到了自己能接受的投放成本临界值。只要有利润可图，原有的素材和方案先不变。这时候你需要做的是三步：

第一步，查询导致投放成本升高的具体原因。是因为产品价格高，产品不具备市场优势，还是因为素材质量低？

第二步，控评。看一下素材的评论区，是否有明显的负面评论。

第三步，看同行。看同行是否也在做相同素材的内容。如果是，我们立刻去提高作品的十秒开篇，即更改开头，让内容更有吸引力，引导用户来观看我们的视频。

如何投放达人相似功能，并实现效益最大化？

投放达人相似功能，是最大的弯道超车技巧。我们可以直接把我们的笔记，投放给某些博主的粉丝，但前提是我们创作的内容要比这些博主创作的更优质。

这里面有另外一个问题，小红书的薯条投放达人相似功能可能已经下线，等大家读到这一小节时，可以打开你的小红书，看是否有达人相似功能。如果有，你只需要找到你同赛道的优质博主，一键选中即可；如果没有这个功能，可以将上述技巧同步运用在抖音、快手等其他平台。

投放流量时如何避免泛流量稀释转化率？

识别泛流量的方式是留存和转化，能否把产品卖出去？且能否把产品越卖越多？这是关键。

所以这就要求我们在素材上做到精准。一般不建议做热点素材（泛流量偏高）；要么文字方式，做痛点转接到产品；要么视频模式，做痛点直接出产品画面。做好图文节奏，让读者有一定的心理预期，尽可能不沾染热点事件，否则很有可能花钱引来一批泛流量。

如何避免无效点击浪费预算？

第一，产品要突出重点。不要做软广告，直接做硬广告。你要明白这条笔记的流量，就是你花钱买来的。

第二，服务好评论区至关重要。产品的优势、产品的性价比、产品成果展示，在图文或视频笔记中讲解清楚，在评论区也要反复强调。

同时，最好能设计一个限时福利，用来逼单。

第4章

如何打造爆款视频

视频爆款的打造难度相较于图文笔记要提升好几个等级，因为这不只涉及选题、策划，更重要的是包括前期拍摄、剪辑、后期数据追踪以及内容推广等综合运营，才有可能批量打造爆款视频。当然，如果我们具备批量打造爆款视频的能力，实际上已经成为一位 IP 博主。

4.1 信息差篇

小红书爆款短视频的核心特征是什么?

至少提供情绪价值、决策价值、信息价值、实用价值的一种；用户体验感中必须包括有趣、有用、有料中的一种；站在用户的角度考虑问题，并给出问题的解决方案。

小红书与抖音、快手的差异化分析

抖音平台特点：以一、二线城市的年轻人为主，泛娱乐内容流量偏高，变现方式多且复杂，平台推荐算法较强势。

快手平台特点：下沉市场占比较高，用户的黏性普遍较强，接地气、生活化的泛娱乐视频流量偏高。

小红书平台特点：以一、二线城市女性用户为主，更侧重于产品质量、内容种草、购物分享、生活测评等内容，流量偏高，同时在变现方式上，往往更能体现出小而美的特点，哪怕一个小品牌，做好口碑仍有爆单的可能。其服务于基础流量，但又不完全跟随于流量，是社交“种草”的主流平台。

小红书短视频的平台算法推荐机制是什么?

小红书短视频流量的来源一般在平台四大页面，分别是关注页、发现页、搜索页和位置页。

关注页：用户关注账号后，可以直接查看发布过的短视频。

发现页：可以理解为推荐页，是大部分笔记的核心流量来源，平台给予流量的核心算法为 CES 评分。简单讲，即作品的点赞、收藏、评论、转发、关注等用户行为，都会给予 CES 正面反馈，增加被推荐的概率。

搜索页：可以理解为用户在小红书搜索端搜索自己想要问的问题，并最终在平台推荐的短视频处找到答案。所以我们想要被搜索到，就要保证在作品的标题及内容中有明确的关键词或热门话题，让平台给予推荐。

位置页：一般匹配地理位置信息，比如我在杭州，点击位置页，就可以发现杭州小红书博主发布的笔记。同理，其他地方也是如此。

视频笔记的完播率对权重影响有多大?

完播率越低，系统会默认该笔记的质量越低，底层逻辑如下：

一条视频，用户只看前 3 秒或前 5 秒，直接跳出，根本没有耐心看完整条视频，则意味着这条视频对用户的价值激励几乎为零，这条视频可以判定为劣质作品或垃圾作品。

要提高完播率，除了提升作品的质量，通过趣味性吸引住读者外，还可以设计些小巧思，比如“视频结尾有彩蛋”等话术。

4.2 选题策划篇

如何打造视频的场景化痛点或视觉冲击?

黄金5秒	强冲突/悬念开场（视觉化痛点），案例：“职场新人”抱着巨大的、写满“无效加班”的纸箱，与气场全开的“高管”擦肩而过，夸张道具能瞬间确立场景和身份冲突
内容主体	维持开篇内容带来的注意力，同时用密集的知识增量、视觉变化来勾住用户

续表

引导互动	在视频中直接询问用户“在遇到这类问题时，该怎样解决？”或者“日常生活中有没有遇到过这类问题？如果遇到过请在评论区打1。”
预留勾子	在结尾直接表明需求，“请大家帮忙点赞、关注、评论，一键三连”或“点赞超过1000次，下一期会出________作品”

热点事件如何转化为短视频内容？

第一步：寻找热点。我们不建议在抖音、快手、微博等平台找热点事件，更建议大家在小红书平台找热点内容。具体流程之前讲过，在此不做重复讲解。

第二步：热点迁移。将热点内容与创作的赛道关联，首先判断能否关联，比如热点事件为“某女星家庭教育成功，培养出优秀子女”，而我们的赛道为 VLOG 赛道，那么可以出一期日常化视频，如养育子女的小窍门或小感悟。

第三步：蹭热点。这里的蹭热点不是强行去蹭某一个热点事件，而是在发布的小红书笔记的封面标题，甚至是正文内容中，要尽可能蹭到热点事件，让用户以热点事件为媒介，点击我们的小红书笔记，以此来引导关注。

如何设计爆款视频脚本的黄金 3 秒？

我们可以借助 DeepSeek 来一键式操作，生成短视频脚本的黄金 3 秒。

暂定内容选题：如何在面试时拿到最高薪资？

对 DeepSeek 输入如下：

已知我的短视频选题为：“如何在面试时拿到最高薪资？”

请帮我设计爆款短视频脚本的黄金 3 秒台词，并且符合小红书平台调性。

同时，生成脚本时要仿照痛点暴击式公式如下：“你是不是也遇到过 / 是不是也觉得 / 是不是也烦透了……”

DeepSeek 输出：

（镜头对准自己，背景干净，表情略带懊恼和共鸣感）

台词：“你是不是也最烦面试谈薪资？一开口就心慌，事后又后悔‘哎呀，我要少了’。”

视觉配合：

“一开口就心慌”时，可以做一个双手捂胸、表情紧张的特写。

“要少了”时，屏幕中央立刻弹出巨大的、动态的“血亏！”或“后悔！”字样，强化情绪冲击。

如何平衡视频的干货密度和节奏感？

科普内容：开篇直接切入问题，做内容拆解及方案解决；中期及后期节奏平缓，重点讲解核心问题及核心解决方案。

以 3 分钟视频为例，提出问题和提供解决方案的总时长大概在两分半左右，节奏一般为抛出问题、问题的严重性、解决方案；继续抛出问题、问题的严重性、解决方案，依此循环。

非科普内容：侧重情绪表达，以情绪为主导，要具备情绪共鸣，多反问、疑惑及情绪输出，搭建背景、音乐、音效、转场等内容的设计。

口播类视频、VLOG 类视频、剧情类视频、干货类视频的脚本差异分析

口播类视频：核心目标为输出观点、建立人设。内容创作时要高度个性化、口语化，同时要具备逻辑性，需要主讲人有强大的气场和镜头感。

VLOG 类视频：核心目标为分享生活、情感共鸣。内容创作时可能存在口语化、碎片化，让用户感觉到和老友聊天轻松欢快的氛围，尤其侧重多景别、多角度的切换，营造出临场感和真实感。

剧情类视频：核心目标为讲好故事、做好情绪。让用户产生强烈的情绪波动，要求台词设计精准，如果条件允许要有专业运镜、转场、灯光来为内容创作服务。

干货类视频：核心目标为传播知识、解决问题。本质在于给用户提供切实有用的信息，保证台词、脚本简洁干练有条理，避免歧义。

如何设计互动话术？

互动话术如下，大家自行选择即可。要注意互动话术的本质是为了让用户在评论

区留言，增加平台推荐作品的可能性。选择适合自己的话术，稍作修改即可。

“你是 A 还是 B？选 A 的扣 1，选 B 的扣 2！”

“你是哪种体质？对号入座评论区！”

“晒出你的 ×××，让我夸夸你！”

“一人分享一个 ××× 小技巧，评论区抄作业！”

“@ 你的闺蜜 / 男友来看，Ta 绝对需要！”（引发转发）

“你们还有什么好方法？救救我！”

4.3　拍摄与剪辑篇

短视频拍摄横屏还是竖屏

先说结论：大部分小红书博主创作短视频时首选竖屏，而不是横屏。竖屏中的主流比例一般是 9 ∶ 16 或 3 ∶ 4，更建议大家选择 3 ∶ 4。

关于横屏竖屏，还有一句顺口溜：

突出人物用竖屏，更立体。

知识分享用横屏，更专业。

低配版手机如何拍摄出专业设备的效果？

方法一：使用手机镜头的前置镜头，一般会自带美颜，拍摄效果更好。

方法二：下载美颜相机等专业软件，条件允许的话，充值会员；不允许的话，选择美颜相机录像功能的经典模式即可。

方法三：购买匹配手机的专业外挂镜头。我们可以直接在淘宝、拼多多或京东上搜索，比如：×× 手机外挂镜头，挑选合适的购买。

提词器如何选择？

提词器的目的在于：小红书博主在拍摄 VLOG 或其他短视频时，如果记不住台词，可以直接按照提词器上的内容边读边拍。如果是手机端，提词器可以架在相机的上界面，不会互相干扰；如果是相机端，则需要购买专业的提词器，直接在淘宝搜索即可。

手机端推荐轻抖 App，点击首页，点击悬浮提词器，将内容粘贴到提词框，选中悬浮提词，调整好滚动速度、字体大小、背景透明，然后再点击保存，并开启悬浮窗即可。如果资金充沛，购买轻抖会员，就可以在台词模式中选择 AI 跟随。

灯光布景如何构造？

低配版灯光布景：

主光灯位于正前方左右两侧，光线强的一侧往光线弱的一侧打。

辅光灯位于正前方左右两侧，光线弱的一侧往光线强的一侧打。

注：主光灯、辅光灯是根据房屋搭建和光线强弱来调整的，其本质是为了打亮博主或打亮产品，一般位于博主左前侧 45° 和右前侧 45°，比博主的身高高 5～20 厘米，斜向下 5°～20° 即可。

轮廓灯位于博主侧后方 45°，可以在左侧后方，也可以在右侧后方。目的是让博主与背景板分离，使画面更加立体。

顶灯一般比博主高 0.5～1 米，斜向下 70°～90°。为了打亮博主的头发跟肩部，让博主在画面中更加突出。

背景灯可以是小摆件或其他灯光，一般位于博主身后且要跟随镜头突出，让画面更加丰富。

镜头前的表情张力如何设计？

理论上，镜头面前录制视频的表情张力，是我们日常生活中与人沟通的 1.3～1.5 倍。

一、情绪性地表达问题。无论我们是喜、怒、哀、乐、悲、恐、惊，还是遇到问题时有疑惑，都要有情绪的引导；

二、稿件模糊化。我们不要逐字逐句地朗读稿件，这样很容易变成一个只会背稿子的机器人，而是大概知道叙述的框架和方向，然后随性发挥；

三、直视镜头。在说话时，除非特殊场景设计，否则镜头在哪，你的眼睛就看向哪。

简单但有效的转场模板有哪些？

大家可以把转场理解为一篇文章中的标点符号。好的转场是服务于故事和情绪的，而不是炫技。所以我们可以倒推出一个结论：当观众沉浸于内容，而忽视转场时，转场用得恰到好处。但像那种神级转场往往可遇而不可求。那如何设计一些简单的转场，让用户看我们的视频时喘口气，稍作停顿呢？

下载电脑端剪映 App，将视频导入剪映中，点击上方栏目“转场”按键，点击左侧栏“热门”，前 4 列 28 个转场，我们可以轮流使用。

如何剪辑气口，让视频更有节奏？

正常拍摄视频时，我们会有语气停顿，或有一些说话卡顿的情况，而优质视频是不允许出现这种低级问题的。

解决方案：

下载电脑端万兴喵影 APP，将视频导入万兴喵影中，点击“智能初剪”，音量阈值调整到 30%，最小持续时间调整到 0.2 秒，缓冲区域调整到 0.1 秒，一键生成即可。

如何通过字幕或音效特效强化关键信息？

方法一，动态效果。让关键文字弹入或弹出，或让关键文字晃动，出现颜色或颜色闪烁。

方法二，信息提示法。增加如打字声、水滴声、扇叶声等音效，来强调信息。

上述特效，大家都可以在剪映中使用。

如何快速设计短视频封面？

使用创客贴一键式设计即可。

登录创客贴官网，点击左侧模板，选中右侧的“抖音、小红书”，选中小红书配图，挑选适合自己的，一键创作即可。

如何设计短视频标题？

万能标题公式模板：

情绪词 / 数字 + 目标用户 + 痛点 / 场景 + 解决方案 / 结果 + 价值强调

举例：绝了！打工党早上起不来，试了这个 5 分钟懒人早餐，好吃到哭！

DeepSeek 生成标题案例：

已知小红书万能标题公式模板如下：

情绪词 / 数字 + 目标用户 + 痛点 / 场景 + 解决方案 / 结果 + 价值强调

我的内容选题为：小学成绩不好，可以用 5 种方法快速提升成绩，请帮我套用上述公式生成小红书短视频标题。

DeepSeek 输出：

救命了！宝妈们，孩子成绩垫底？5 个绝招，亲测一周就看到变化！

视频话题如何添加？

手机端发布视频时，点击下方“话题”即可。同时，如果没有官方话题活动，可以一键选择浏览量最高的话题，一般选择三个即可。

视频发布的时间如何选择？

详见 3.2 节，视频发布时间的最优选择与笔记发布时间的最优选择没有出入。

视频冷启动有什么技巧？

详见 3.2 节，视频冷启动与图文笔记的冷启动技巧相似。

视频数据分析的核心要素是什么？

详见 3.2 节，视频数据分析和图文笔记的数据分析没有太大出入，额外多出几个硬性指标，分别为视频播放量、完播率、平均播放时长、跳出率。完播率越高越好，跳出率越低越好。尤其是 2 秒跳出率，十分关键。

视频被判定为违规后的解决方案

方案一：平台申诉。在确认自己的内容不侵权，且检查平台给自己视频限流或下架的原因，自己没有犯错之后，直接在后台申诉，平台有一定概率误判。

方案二：剪切掉对应内容，重新发布。包括但不限于软广告、硬广告、QQ、微信等，涉嫌联系方式或引导用户在后台私信的相关评论，以及带水印的二维码图片，或某些明显的软广告、硬广告台词脚本，将这些内容删除后，重新发布即可。

方案三：注销账号后重新注册。如果在账号初始运营时期，同时粉丝量低于 500 人，且过去发布的几条笔记中都有违规事项，这个时候直接注销账号，把这本书的内容看完，重新注册。初期持续且频繁地犯错，账号很有可能被标记为劣质账号，后期流量持续受限。

4.4　内容推广篇（部分内容同 3.3）

短视频推广的目的是什么？

目的一：增加播放量。让更多用户看到优质作品。

目的二：增加粉丝。短期内粉丝破千人、破万人甚至破十万人。

目的三：私域运营。通过短视频推广的方式，来增加私域群体。

目的四：产品宣发。短视频中产品带货，或在评论区挂产品链接，引导用户下单购买。

哪些类型的短视频更适合付费推广引爆？

优质短视频，能让用户获得知识增量，更好地了解博主，打造 IP。

高 ROI 带货短视频，方便产品售出，短视频被引爆后提高带货利润。

私域引流短视频，短视频挂载私域引流链接，或引导用户加群、引导用户评论，将用户引导到私域，方便变现。

预算有限，如何付费推广？

第一步，先判断作品的自然流。观看量低于 200 次，且短期内没有起色，不要推广。

第二步，如果作品有爆款潜质，点击薯条投放，花 100 元左右来观测投放效果。

第三步，如果投放薯条后带来的利润高于投放的支出，则持续小额多笔投放，实现效益最大化。

时间有限，如何高效推广?

高效推广一般建议选择蒲公英推广。可简单理解为我们作为甲方，在蒲公英平台发布任务，指定达人进行短视频内容创作，然后给予佣金。

这里面最重要的一环为挑选合适的博主，一定要确认博主的创作内容与我们发布任务的方向强相关，且博主往期发布的合作视频效果极好。但有不确定性，很有可能花钱打水漂，好处在于短期内如果挑选到合适的博主，见效最快，带来的利润最高。

资金充沛，如何长期投放?

第一步，认证专业号，在聚光平台进行投放。

第二步，在小红书聚光后台界面，填写账户日预算，最低 100 元。

第三步，点击推广按键，新建广告组，搭建推广计划即可。

注一：聚光平台开通需要有 600 元的资质认证，首充一般 2000 元起步。但 2000 元并不是一次投完，可以将 2000 元分成多批次投放。

注二：渠道方开通聚光平台，有概率获得返点，但返点一般不高。

注三：长期内容投放需要搭建计划，搭建计划的难度很高，且随周期变化。大家购买这本书后，可以在小红书搜索“刘丙润”，我会在我的小红书账号给大家详细拆解如何在小红书平台搭建聚光计划。

素材衰减周期如何制定?

案例解释：

假如某一条素材我投 100 元，能产生大于等于 100 元的利润，且一直能持续产生利润，覆盖我的成本，那么这条素材不要动，我们去更改别的素材；可一旦素材投流

100 元，最终产生的利润只有 90 元，就会产生 10 元的亏损，这个时候必须更换素材。

小红书平台也好，抖音、快手等其他平台也好，很容易在后台见到其他优秀博主创作的优质素材，这中间就会涉及借鉴和抄袭问题。尤其伴随着 AI 的出现，借鉴抄袭的频率越来越高，我们的素材就很难如之前一样持续优质。所以，一般一条素材在 3～15 天后就无法使用，继续投放产生的效益比会很低，所以素材的衰减周期，我们可以预设为 7 日，之后再根据素材的投放与收益比，考虑是否更新素材。

节假日或大促期间的投放节奏及技巧

大品牌可以提前 1～2 个月预热，比如“6・18 电商节”，我们可以在 5 月份做产品预热，刺激用户的购买欲。

小品牌，尽可能避开大促的关键节点，比如“6・18”“双 11”“双 12”，因为我们无法和大品牌做流量竞争。但像七夕节、父亲节、母亲节等节假日属性与我们的产品有强关联时，我们可以在对应假期的前一日做流量投放，一直持续到假期结束的后一日，实现效益最大化。

如何评估付费推广短视频对自然流量的撬动作用?

我们评估付费推广短视频对自然流量的撬动作用的核心标准：付费推广产品后，能否保证产品利润增加或利润持平。

第 5 章

如何搭建并运营爆款直播间

小红书平台创作方式中难度最大的是直播，同时，打造 IP 博主效益最大的也是直播。大家可以把直播理解为“用户和你实时交流，更立体、详细地了解你的唯一选择”。源于此，搭建并运营爆款直播间是我们整本书重点中的重点、核心中的核心。

5.1 搭建直播间筹备篇

小红书直播间与抖音、快手的区别是什么?

三个平台中，抖音的月活是最高的。直播属性中抖音构成有两类，一类是泛娱乐化的，一类是泛商业性的，两大支柱不相上下。快手更接地气一些，直播内容更倾向于下沉市场，但直播方向和抖音相似。而小红书的直播虽整体商业布局远不如抖音，但小红书的用户群体有支付能力较强、客单价较高的特点。

即：直播间相同的围观人数，小红书的成交率普遍偏高，成交单价普遍偏高。

直播的核心目的是什么?

信任!

无论我们在直播间做答疑解惑，还是做产品宣发，抑或是私域引流，都要明白：直播是深度种草的过程。直播最大的优势有两点：其一，即时互动；其二，真实体验展示。所以哪怕我们没有在直播间做产品宣发，只是简单的答疑互动，也要突出核心：信任。

哪些赛道的账号更适合在小红书开直播?

时尚穿搭，主播进行一衣多穿搭配教学，现场展示服饰、鞋包、配饰穿搭。

美妆护肤，主播展示产品的持妆效果，随时回答问题，一对多产品教学。

母婴育儿，分享育儿经验及宝宝好物，现场展示其应用场景。

家居装修，全方位展示家居场景，演示产品功能，讲解设计理念。

知识付费，职场理财、情感教育等多赛道，可围绕一个主题做系统分享，由低客单价产品引导到高客单价产品，做产品销售。

小众兴趣、线下体验店或美食饮品等其他赛道，均适合在小红书开直播。

注：目前小红书的直播并不饱和，相较于抖音、快手而言，竞争压力小很多，无论是头部博主还是新人博主，都建议在小红书开直播，做品牌售卖。

直播间搭建需要哪些硬件设备？

灯光：主光灯、辅光灯、顶灯、轮廓灯、背景灯。

工具类：柔光箱、绿幕、白板、直播专用桌、麦克风、摄像头、手机支架。

注：新人最开始直播时不需要重投资，普通手机前置摄像头即可开启直播，麦克风接口可以选择价格在 500 以内的。如果灯光条件不允许，只选择一个主光灯，一个辅光灯即可。

直播间搭建需要哪些软件设备？

小红书直播助手：如果在电脑端直播，需下载软件，在小红书官网主页点击“创作中心”，选择“电脑直播助手”，下载即可。

无他伴侣：电脑端、手机端同步下载后，手机端打开无他伴侣连接电脑端，可以用手机摄像头当电脑摄像头使用。

OBS：一款优质的推流软件，如果我们用相机直播，可以购买拓展坞，将相机与电脑连接，再通过 OBS 推流到小红书直播助手，来实现高清无痕直播。

向日葵远程控制：如果我们在直播时需切入平板画面或手机画面，可以下载向日葵远程控制，在电脑端展示手机端界面，实现一键操作。

注：新人直播不太需要过多软件、硬件，直接用手机直播，方便且高效。

直播间搭建是否需要中控团队？以及什么时候需要？

在小红书电脑端主页，点击“创作中心”，点击“电脑直播助手”，点击“直播中控台”，即可进入小红书直播中控台。

直播中控团队搭建与否，主要看是否有盈利，且团队能否起到正向作用。

大多数人最开始直播时，选品有1～5份，且每晚的营销额不过百元。这种情况下，搭建中控团队没有任何意义。但随着我们直播场次增加，IP知名度提升，投资一定经费搭建中控台，带来的利润能把投资的金额覆盖掉，那么搭建中控团队就比不搭建好很多。因为中控团队可以在直播时帮我们解决各类问题，包括产品的上架、下架、回应评论区内容、做好氛围宣发等。

如何设计直播间的风格？

风格一，好友聊天风格。可以选择客厅、卧室、书房当作背景，可盘腿坐地、手中拿着抱枕、穿家居或日常服装，与评论区的粉丝做正常互动，主要适配于服饰、穿搭、美妆、护肤、生活好物、母婴育儿等赛道。

风格二，知识分享风格。背景可以是整齐的书架、特殊的工作台或背景板，穿搭要专业，条件允许，甚至要准备PPT、图表或现场演示环节，要求讲解逻辑清晰、表情严肃认真。适合赛道一般包括高端护肤、数码、科技、家居设计、知识付费、职业教育、金融理财等。

风格三，沉浸式风格。画面风格优美，且需要单独造景，甚至需要搭建出厨房、咖啡角、阳台或某些特写镜头，一般适配于美食制作、绿植养护、文具手账、家具收纳等特殊赛道。

风格四，线下实操风格。一般直播间不固定，可能出现在工厂展会、品牌店、餐厅等环境，边走边播会增加真实性，但是镜头往往会有晃动感，体验效果会打折扣，一般适用于服装品牌、生鲜水果、旅游攻略、盘点打卡等特殊类赛道。

直播间的标题如何设计？

设计一，趣味幽默话术：如“不许在外面偷偷观看”“该用户关注了你！”“停止观望”。

设计二，直播干货类：如“30天快速减肥秘籍”“8款超高性价比美妆好物大揭秘”。

设计三，热点类：如“情人节必备礼物清单”“父亲节大促，给父亲一份惊喜”。

设计四，噱头类：如“复刻黑暗料理”“手把手教你画明星同款妆”。

直播间的封面如何设计？

设计一，IP 人像特写。如果你已经成为 IP 博主，甚至是头部博主，可以把自己的上半身或大头特写做封面，占比超过封面的一半。剩余内容再搭配自己每场直播的专题，做对应的表情、文字或水印，适用赛道一般为美妆、穿搭、护肤、情感、母婴等，以个人 IP 为核心的赛道。

设计二，场景氛围特写。主播可以出现在封面中，但不能只有主播，比如主播在做某些事情，包括但不限于冲咖啡、看书或整理衣服，而主播做的这些刚好与自己的直播主题相关。一般适用于家居、美食、旅行、学习、教育等相关赛道。

设计三，干货信息图。封面上必须有大字标题，点明直播的核心主题，比如“双 11 护肤攻略”“6・18 购物指南”，重点适配知识分享、职场教育、理财、数码测评等干货赛道。

直播间的违规红线避坑指南

第一点，不得发布危害国家安全与社会稳定的内容，不得发布违法、违规内容。

第二点，不得虚假宣传及误导消费者。比如某些普通化妆品为了提高销量，在直播间虚假宣传美白、抗皱甚至治病等效果。

第三点，在商品宣发时不得数据造假、价格欺诈、夸大其词。尤其注意像“第一、最、国家级”等绝对化用语，是不允许出现的，除非你真的能拿出国家级相关的证明证书。

第四点，绝对不允许诱导场外交易。比如在口播时表示可以私下加微信、QQ、电话号码，或去淘宝平台、京东平台下单，再或者通过某些暗号的方式交易，这是不允许的。

第五点，不允许出现不良直播行为。包括抽烟、酗酒以及用录播冒充直播的方式播放无关视频、画面静止不动等。

第六点，不允许在直播间出现 LOGO、水印、二维码或其他下载信息，也不可以长期使用未获授权的音乐。

5.2 冷启动篇

直播间人设为什么要与视频人设吻合？

避免让你和粉丝产生距离感。

一些博主在录制视频时，可能会存在多片段剪辑或夸张的表现手法，但在直播时，又是另外一种偏平淡的表达方式。这很容易让粉丝与你产生距离，而产生距离往往就意味着很难通过直播变现。

直播时如何做粉丝触达？

方式一：发布直播预热公告。在发布图文笔记或视频笔记时，可以点击“添加组件”，在添加组件处点击“下场直播预约”。

方式二：将私域群体转到直播间。可以在直播的前两天通过发朋友圈或各社群发布直播预告的方式，引起私域群体注意。在直播前，引导私域群体进入直播间。

方式三：引导直播间用户点关注、加灯牌。等再次开播时，他们有更大概率进入直播间。

如何运用好社群预热？

聊天直播间预热模板：

家人们！重磅消息！咱们社群专属的【×××主题】直播专场终于来了！

时间：×月×日（周×）晚××：××

我为大家准备了：

1、一个颠覆认知的【×××概念】（帮你解决××问题）；

2、3个即学即用的【×××技巧】；

3、全程答疑解惑，任何问题都可以抛过来！

点击下方直播预约链接，锁定席位，开播会自动提醒你，不怕错过！

（配上直播预告海报）

带货直播间预热模板：

宝子们，你们一直催的【×××好物】专场，这次真的给你们谈下来了！

时间：× 月 × 日（周 ×）晚 ××：××

这次准备了全网超低价和独家赠品，只有我们直播间有！

先点击预约，锁定福利资格：预约链接……

（配一张产品局部图）

如何通过笔记引流到直播间？

悬念好奇型：

“解锁 ×× 的 3 个秘密，今晚直播间现场演示！”

“这件衬衫居然有 5 种穿法？第 3 种绝了，直播教你！”

福利导向型：

“平价穿出高级感！笔记同款今晚直播间 ×× 元秒杀！”

“宝宝辅食秘籍大公开！直播抽 10 位送同款辅食机！”

直接通知型：

“【直播预告】今天晚 8 点，聊聊如何一年读 100 本书！”

“蹲住！今晚 7 点，带你云逛 ×× 批发市场，源头好货直采！”

直播预告需要做哪几个方面的准备？

准备一：确定自己有时间在预告时间直播。要明白，直播预告本质是合同关系，如果我们预告了，但不直播就是爽约，会导致平台限流，粉丝不信任。

准备二：确定用户有时间。一般通过直播预告组的直播局，更建议在周五晚到周日晚直播，而非工作日。

准备三：确定竞品没时间。如果我们直播卖的商品和平台头部主播卖的商品一致，且直播间时间一致，效益会大打折扣。所以建议错开时间，比如对方周六晚 7:00～12:00 直播，我们可以选择周日晚 7:00～12:00 直播。

直播间如何做互动？

错误互动行为：

行为一，当对方进入直播间后，我们直接称呼对方名字，并表示“欢迎进入直播间”，会让用户感到局促，从而退出直播间。

行为二，在直播间不知所云，或不开始直播，希望等人多了再开始直播。这种想法，很难留住用户。

正确的做法是：在自己擅长的领域，介绍知识，和用户进行有效沟通、互动。

比如我们是美妆、护肤直播间，首先不要盯着直播间的人。尤其是小红书最开始直播时，上人慢，可能直播间只有一两个人，这个时候我们可以拿化妆品给大家展示，也可以直接以身试妆，在自己的脸或手上涂抹并展示效果。

只需直播 5～10 分钟，平台就会自动推流，会有更多的用户进入直播间，这时再进行互动交流，询问他们对美妆护肤的观点、看法，会更自然些，留住用户的概率也更大。

直播间开播初期的流量逻辑有哪些?

小红书直播，如果效益差，一般不建议拉时长；如果效益可观，即能产生实际利润，建议每次直播在三个小时以上，每周 2～3 次，固定时间开播即可。

大家可以将直播间的给量理解为平台测试。平台给你一波流量，你能否承接得住？如果你能承接，且承接比例在同行业中排到及格线以上，那么平台会持续给量，否则将不给量。

我们以美妆、护肤为例，将用户停留时长、用户互动率、用户购买率、用户购买单价等各项数据作为测试指标。其中，用户停留时长最重要，也是最基本的，这意味着我们在直播时，要想方设法留住用户，只有留住用户，后面的数据才有意义，如果连用户都留不住，后面所有的数据都将没有意义。

5.3 直播运营与互动篇

直播间如何选品?

手机端小红书直播界面，点击右上方“购物车”，点击左下方“添加商品”，点击“选品中心”，一键选择。

注：选品应选与 IP 相吻合，且分佣在 20% 以上的高爆款产品。

直播间如何回应用户的提问？

非卖货直播间：

做好基础互动即可，如果直播有主题，需围绕主题做直播内容；如果直播没有主题，则依托于用户的提问做内容。

卖货直播间：

与产品相关的问题，第一时间积极互动，引导用户购买产品。

与产品无关的问题，顺带提一句，让用户有参与感，不可以冷落用户。

与产品相关的问题，但是黑粉，第一时间积极应对，之后一句带过，不要过分纠缠。

直播间如何介绍产品？

直播卖货往往有三点可以作为突破口，需要重点宣传：其一，性价比；其二，实用性；其三，网红明星代言。

示范案例：

性价比："宝宝们，一杯奶茶钱都不到！出去喝杯奶茶 30 块，喝了就没了。今天在我直播间，×× 块钱就能买到一份实实在在的快乐 / 变美的机会 / 便利的生活，这还不划算吗？这还不是性价比天花板吗？"

实用性："是不是总感觉衣柜里少一件衣服？不是少了，是没搭对！这件万能打底衫，一衣三穿，五种搭配，看我身上效果！搭西装是通勤范，搭牛仔裤是休闲风，单穿是辣妹风！一件帮你搞定一周穿搭，还省了买新衣服的钱！"

网红明星代言："这款就是某某电视剧同款啊！火到爆炸！官网和旗舰店都已经卖断货了！但我们直播间还有最后一点点库存，是我好不容易争取来的！想要明星同款的，赶紧下手，下次补货就不知道什么时候了！"

如何做成泛娱乐的带货主播？

泛娱乐带货主播的核心是：通过娱乐内容来拉长用户的停留时长。这是所有泛娱乐带货主播创作的关键。

这需要主播具有三点硬性条件：其一，我们的账号本身偏娱乐属性；其二，我们的镜头感要更强一些，在直播间要有发癫感；其三，娱乐属性的前提，必须与商品直接挂钩，即通过娱乐的方式，来突出某款产品的性价比。

案例示范：直播间售卖的产品是塑料袋，那就可以找两位帮手，打开塑料袋，把矿泉水一瓶一瓶塞进去，通过夸张的面部表情，以及塑料袋究竟能承受多少瓶矿泉水的直播测试，来引导用户关注。

直播间的必要动作有哪些？

介绍清楚我是谁、今天播什么、观看直播你能得到什么好处；

提问、引导评论、引导点赞、引导分享；

清晰介绍产品卖点，解决用户痛点，激发购买欲望；

价格对比、限时限量、从众心理、售后保障；

主播与助播、运营配合，通过对话营造抢购氛围；

感谢用户，预告下次直播，引导关注，为后续引流等。

如何在直播时设计抽奖环节？

直播抽奖本质是为了拉时长，用户会为了获得直播间奖品而停留、参与互动，甚至如果我们的话术足够精美，还会让用户在直播间下单。

小红书电脑端点击“创作中心”，点击“直播管理”，进入直播中控台，左下方营销工具处，有直播抽奖按键，开播后可以一键使用。

如何在直播时设计连麦环节？

直播连麦非必要，除非是知识付费型博主，需要让用户知道购买这款产品后能学到什么知识、达到怎样的成就。

这时我们需要安排往期学员来连麦，连麦时长一般控制在10分钟内，且最好在连麦时引入话题，把话题往产品上推。

大促或节假日时，如何通过限时、限量、专属福利来进行逼单？

常用逼单话术：

“感谢‘×× 宝宝’下单两件！”

“又一位宝宝下单了！后台订单一直在弹！”（助播配合）

“公屏上已经刷疯了！好多宝宝说没抢到！运营再催一下库房，真的加不了了吗？”

“最后一遍提醒！真的要没啦！还没拍的宝宝，这是最后一次机会了，我数三个数，3！ 2！ 1！链接关闭！感谢所有支持的宝宝！”

“哇！没了没了！ ×× 颜色已经秒空了！运营赶紧看一下还能不能加？……加不了了家人们（限量）！现在就剩下最后几十件 ×× 颜色的了（限量），而且这个链接我们 × 点就要下掉了（限时），是真正意义上的绝版了（专属稀缺）！”

如何通过场景化展示来提升产品信任感？

电脑端小红书直播，且通过分镜头运镜的方式，来提升产品信任感。

该操作需要在电脑端直播，在左侧的常规模式中增添场景 2 或多个场景，同时设计好素材，保证无缝衔接，一键切换场景。

如何增加观看人数？

一、提前预热，通过私域导流等场外方式增加直播间人数。

二、增加趣味的直播话术，或预留期待感。比如 10 分钟后，我们将会给大家展示某款产品。

三、直播抽奖。引导用户点击左上方福袋，并告知用户离开直播间后，抽奖不作数。

四、鼓励用户在直播间评论、互动或购买产品，同时引导用户将直播间分享给他人。

5.4　付费推广及数据复盘篇

直播付费推广在小红书平台上的生态分析

付费推广直播，往往是出于两方面考虑：其一，直播涨粉；其二，直播卖货。

直播涨粉是为了打造 IP，需要我们有拿得出手的知识干货，或趣味猎奇的经历，引导用户对 IP 产生好感。

直播卖货是为了获取利润，计算方式较为简单，通过卖货带来的利润能覆盖推广费用，就可以继续投放。

付费流量 vs 自然流量的对比

直播间的付费流量投放，能带来短期流量暴增，这一点毋庸置疑。同时，只要我们承接住这一波流量，就可以形成正反馈，通过投流的方式引导用户下单，带来的利润又足够我们进行下一轮的流量投放。

而如果只依靠自然流量直播卖货，就必须有强大的 IP 能力，这意味着我们的账号本身具备产品竞争力，对于新人博主来说难度极大。

哪些类型的直播间更适合付费推广引爆？

第一类，高客单价、高利润的直播间。比如直播售卖按摩椅，价格 6666 元，实际利润 50%，即 3333 元。日投流 2000 元，日销售 3 单，退货退款 1 单，成交 2 单。

第二类，目标人群极其精准的垂直类直播间。比如直播间售卖产品为大码女装、特定宠物用品、二次元手办，可以一键定位到人群的年龄、性别、兴趣、行为关键词等。

第三类，具有强品牌背书的直播间。比如官方直播间或知名网红达人直播间。

第四类，活动节点直播间。比如大促直播间。

直播付费推广的常见目标如何选择？

首选千帆推广。如果是新人直播带货，那么营销场景选择日常销售，广告类型选择通投广告，投放模式选择托管或自定义均可，但自定义往往能做到精细调控，人工控制投放策略。

投放主体可以选择直播间，也可以选择直播间与笔记同时投放，这里的笔记是我们的爆款笔记，通过笔记引流到直播间。推广目标，新人建议一键选择直播间，直接交付 ROI，效果更优。

定向设置中的人群定向，性别、地域、年龄关键看产品选择，比如我们售卖的产品是大码女装，那么性别选女，年龄 23～32 岁。

同时注意，人群定向中有高级定向，该按键可精准投放流量。

付费推广时需要在直播间如何做，才能承接流量?

付费推广时，涌进直播间的人群对你了解度不高，对品牌的了解度也不高，但往往会有付费购买的意向。所以承接流量变得至关重要，毫不夸张地讲，只要直播间开启付费推广，每分每秒都在花钱，要把钱花得有价值。

话术案例如下，大家可自行挑选：

“欢迎所有通过【×× 视频】走进直播间的宝宝们！你们想看的 ×× 产品我正在详细讲解，来得正是时候！”

“我看到一大波新宝宝进来了！欢迎你们！左上角点个关注，先领个新人券，今天都是福利价！”

“刚刚刷到视频进来的宝宝，看这里！你们问爆了的 A 产品就在我手上！ 这个颜色是不是超好看？来，镜头拉近给大家看细节 ......”

“欢迎新朋友！没错，就是今天！全场新品首发的折扣价，还有买一送一的福利！ 你们想问哪个款，公屏打出来！”

付费推广直播间的核心数据如何解读?

付费推广直播间的核心数据与短视频推广的核心数据相似，以 ROI 为核心，需确保付费推广不亏本。大家可以参考 3.3 节。

除此之外要侧重两个数据，一个是用户停留时长，另一个是用户互动量。

这两个数据可以通过搭建场景的改变、对应话术的调整实现，同时对付费推广来说，能锦上添花。

投放成本突然升高时，如何快速排查原因?

原因一：是否因为节假日、特殊电商节，或同品牌正在抢占直播流量?

原因二：是否因为直播话术不完善，导致用户停留时间短？

原因三：产品价格是否高于品牌的平均价格？（这一点尤其重要，排查的方法为，用另一个账号在小红书平台搜索相同产品，用销量最高和价格最低两个指标来筛选。）

投放成本突然降低时，如何实现效益最大化？

必做步骤一：延长直播时间，增加投放成本。直播变现的风口，转瞬即逝，既然现在投放资金后能保证充足利润，那么就增加直播时长，在保证状态的情况下，尽最大可能卖出数量足够多的产品，且增加直播频次。

必做步骤二：适当优化直播间话术。不建议大面积更改直播话术，但可以用数据说话。比如我们在直播间中可以告诉买家：放心大胆购买某款产品，在过去两日，直播间产品已经销售了 1000 份，且到目前为止，没有差评。

选做步骤三：同步直播。如果有小红书 MCN 矩阵，或家人也在做小红书账号，或自己有其他的小红书小号，可以同步直播，实现效益最大化。因为一个品爆了后，被同行追上的时间也就是一周左右，这就意味着我们在一周后，很难有如此火爆的成绩和收益了。

5.5　数据复盘与 IP 化

直播结束后，核心指标如何解读？

一场直播结束后，核心数据包括但不限于观看人数、互动人数、人均停留时长、支付人数、支付转化率、支付订单数、退款订单数、新增粉丝数、预约直播人数、预约进房人数以及流量渠道、用户画像等。

最核心的数据包括但不限于人均停留时长、支付转化率、流量渠道、用户画像。

“人均停留时长”大于 1 分钟，勉强合格；大于 2 分钟，优秀。但是不同品类、不同赛道会有出入。

支付转化率 = 支付人数 ÷ 观看人数 × 百分百，对于新人来说，一般支付转化率在 3%～5% 之间，就已经算优秀。

“流量渠道”可以直观地看到我们的流量是从哪个渠道涌入，理论上来说，从关注渠道涌入的人数越多越好。

“用户画像”可以帮助我们给自己的产品找准定位。

如何通过用户停留时长，来反推场景优化？

用户停留时间如果低于 1 分钟，可以从以下几个环节做系统优化。

环节一：布景。尝试打造好看的直播间，这里的好看应适合我们的直播内容，做到应景，比如有主题感、灯光融合、产品陈列美观、主播妆容穿搭到位、主播精神状态饱满，并适当展示产品细节。

环节二：定时福袋抽奖。如果是高价值品牌产品直播间，可以每隔 5～10 分钟，发放福袋，参与福袋抽奖的条件为加入粉丝团。同时，每隔 2～3 分钟引导用户点一下福袋，并表示“只要点了福袋就能参与，但如果离开直播间，则无法参与抽奖”。

环节三：多问一些高频互动问题。比如：“这两个颜色你们更喜欢哪款？喜欢 A 的扣 1，喜欢 B 的扣 2！”“大家想先看哪一款？评论区刷出来！”

环节四：对用户的主动互动表示认可且感谢。“欢迎 ×× 宝宝进来！……谢谢 ××× 送出的点赞！……柚子茶问能不能包邮，安排！今天全都包邮！”

环节五：给粉丝或用户安排任务，提高互动留存和期待感。“大家帮我把赞点到 10 万，点了赞我们就马上抽一位朋友送这款正装！”“评论区‘想要’刷满 500 条，我就去申请给大家加一波福利库存！”

直播间流量迅速下滑的常见原因以及应急方案？

这里的流量迅速下滑，指的是从某一个相对巅峰的流量，突然下滑到流量的最低值。比如上一秒直播间还有 200 人，而下一秒直播间就只剩下 5～10 个人。

原因一：内容承接出现问题，付费投来的流量接不住。

解决方案：提升话术能力，提高产品的展现力，主播状态和画面清晰度均需改变。

原因二：直播中涉及敏感词。

解决方案：自查有无“最便宜、第一”等敏感词（首先，这类词语直接违反了《中华人民共和国广告法》，同时也违反了《网络直播营销管理办法》等专门的管理规定），以及是否有引导站外交易或辱骂、抽烟、酗酒等违规行为。

原因三：头部主播开播。

解决方案：降低直播成本，如直播效果实在太差，可尝试改日开播。

注：正常直播时，数据会有小幅波动，比如前一秒直播间 200 人，下一秒直播间 100～150 人，这属于常态，不需要太过担心。

直播间的周度总结和月度总结该如何做？

直播间周度总结表：

核心指标（KPIs）	直播场次1（场次名称）	直播场次2（场次名称）	周总计	周平均值	环比变化（vs上周）	问题分析与备注
1.流量数据	—	—	—	—	—	—
直播时长（小时）						
观看人次						
场均观看人次	—	—	—			
2.互动数据						
平均在线人数						
点赞数						
评论数						
新增粉丝数						

（续表）

核心指标（KPIs）	直播场次1（场次名称）	直播场次2（场次名称）	周总计	周平均值	环比变化（vs上周）	问题分析与备注
3.转化数据	—	—	—	—	—	—
订单总数						
销售额（GMV）						
客单价（销售额/订单数）	—	—	—			
转化率（订单数/观看人次）	—	—	—			
4.商品数据	—	—	—	—	—	—
讲解商品数						
商品销售TOP 3	1.（商品A）：（销售额）	分析爆品原因				
	2.（商品B）：（销售额）					
	3.（商品C）：（销售额）					
本周总结与建议						

直播间月度总结表：

复盘周期：____年__月

核心指标（KPIs）	第1周	第2周	第3周	第4周	月总计	月平均值	环比变化（vs.上月）	趋势分析与发展建议
直播场次								
总观看人次								
场均观看人次								
平均在线人数								
总销售额（GMV）								
场均销售额								
总订单数								
转化率								
新增粉丝数								
月度爆品分析	TOP 3 商品及分析							
本月核心结论与下月计划								

如何打造有节奏的直播间？

预热	欢迎、关注、亮灯牌、福袋	“欢迎新宝宝”“点关注”“亮灯牌”“抽奖”
初期节奏	讲解第一款引流品，互动下单	“性价比”“福利价”“想要扣1”
中场节奏	深度讲解1～2个核心利润款，逼单	“王炸款”“限量”“最后××件”
过渡节奏	讲解其他产品，高频互动，干货分享	“喜欢A还是B”“感谢××”
结束	返场秒杀、感谢、预告、最后一个福袋	“最后福利”“下播就没有”“下次见”

直播间 IP 如何打造？

找准核心定位：你必须在某一方面是独一无二的。

搭建身份认同：专家型、主理人型、达人型、亲友型。（主理人目前口碑不是很好，尤其是某些特定行业，大家在直播间尽可能少用该词汇）

确定服务对象：你的目标用户画像是怎样的？（年龄、职业、消费能力、核心痛点）

确定服务价值：产品价值、专业价值、情绪价值。

直播期间，主播轮换对直播间的稳定性影响分析

如果是 IP 直播间，即直播间的流量主要是某位主播的黏性粉丝带来的，这种情况下，主播轮换对直播间的影响非常大。

如果是非 IP 直播间，比如某品牌、某官方旗舰店的旗下部分主播进行轮流直播，那么主播轮换对直播间的影响几乎为 0。

如何制作直播间切片，实现利益最大化?

直播间切片，往往因各种因素，导致像素模糊或切片内容有直播痕迹，并不适合做成切片，很难实现效益最大化。

如果我们是通过相机直播，可以在相机上单独插一个麦，相机开启录制功能，相机录制视频的同时直播，然后把内容当作切片；同理，手机端也是如此，可以单独支一个手机进行录制，录制的内容经二次剪辑后，发布到 MCN 矩阵的其他账号，用于产品宣发或 IP 搭建即可。

第 6 章

如何做好物推荐和开薯店

好物推荐和开薯店是两个不同的概念。好物推荐可以理解为把别人的产品推荐给有需要的用户，而开薯店则可以理解为把自己的产品销售给有需要的用户。第一种方式是可以赚到佣金的，一般为产品价格的 5%～50% 间，第二种方式则可以直接获得利润。

6.1 好物推荐篇

小红书好物推荐的底层逻辑是什么？

真人真事 + 干货分享 + 产品认同

好物被推荐的前提是你值得被信任，所有虚假、夸大、抄袭的内容都会破坏这个基础，无法保证好物推荐的持续变现。

注：真人真事也可以引申为亲友的真实案例，或者我们听过的故事，但前提是要讲得真实，且对产品有真实的体验感。

好物推荐与广告营销有什么区别？

好物推荐的核心是利他，目的是分享和帮助，在分享与帮助的过程中，获得部分利润。

广告营销的核心是利己，即想尽一切办法，把产品推广出去，通过曝光和转化提升成交率，获得实际利润。

如何让用户建立起对好物推荐的信任感？

提供价值，而不是提供信息。

以服装为例，我们需要提供的是日常生活中的穿搭、工作场景中的穿搭，甚至某些特殊场合的穿搭。同时这个穿搭给自己带来了怎样的改变，让用户觉得你分享的内容，是一个可触摸的、真实存在的人做的分享，而不是一个推销员。

不要只讲产品的好，这样功利性太强，而是要把产品融入一个具体的场景故事中。比如："假期出游，我穿这件衣服回头率300%！我是真的在假期出游的时候穿过这件衣服，而且真的获得了路人的点赞和好评。"

好物推荐的高风险雷区有哪些？

雷区一，违规导流。在小红书分享好物时，有一些博主可能自作聪明，在评论区或笔记中表示去淘宝、京东、拼多多购买，并且附上了购买链接。这属于重大违规，除非蒲公英平台商业操作，否则有大概率被限流甚至封号、惩罚。

雷区二，夸大宣传。违反广告法的词汇有"第一、顶级、国家级、全网、销量第一"等，除非有实质证据证明自己说的是真实的，否则不可使用。此外，像"3天美白、7天瘦10斤、彻底治好、百分百有效"等与医疗、医美相关的话，也会有风险。

雷区三，只说好，不说坏的尬吹。好物推荐本质是我们把自认为有用的产品推荐给用户，而不是把自认为利润高的产品推荐给用户。

如何根据账号定位，来筛选好物推荐产品？

五圈筛选法：

产品和我的领域有关吗？

我的用户会成为该款产品的消费者吗？

产品真的好用吗？

我能为产品想出三个不同的优势吗？

产品合规吗？

当我们想要筛选好物推荐产品时，可通过五圈筛选法取交集，选出最合适的产品。

小红书热门品类的选品有哪些？

核心类选品：美妆护肤、时尚穿搭、健康饮食、家居生活、母婴育儿。

高潜力选品：数码科技、手工品、萌宠经济、户外运动、个人励志成长。

注一：健康饮食重点侧重于健身、减肥、减脂、塑形。

注二：家居生活重点侧重于性价比、便捷性、高效性。

注三：个人励志成长侧重于自我提升、时间管理、技能培训、学习设备、图书。

冷门产品如何通过场景化包装成为爆款？

步骤一，挖掘痛点。比如好物推荐一款计时器，那么用户有什么核心痛点时，才会购买这款产品？比如用户办事拖沓，有重度拖延症。

步骤二，解决问题。这款计时器分为 15 分钟、20 分钟、30 分钟和 60 分钟 4 个档位，可以通过定时完成任务的方式提高效率。

步骤三，造梦。有了这款计时器，就可以在某些环节实现某些目标，进而有概率获得某些身份。

博主挑选好物产品时，佣金比例的平衡点在哪里？

家电、数码 3C、大牌美妆等产品的佣金一般在 5%～15%。

自选品牌、新兴品牌或无品牌产品的佣金一般在 30%～70%。

大部分普通产品，佣金一般在 20%～50%。

注一：数码 3C、家电等产品价格透明，可获得的佣金普遍偏低。

注二：无品牌产品或新型品牌为了迅速占领市场，甚至能够拿出 70% 的佣金分成。

如何在产品的内容延展性上触达用户？

强调产品的功能复杂程度、产品成分、产品颜值、产品材质和产品应用的技术。

注：产品在内容延展性上触达用户，本质就是将这款产品推荐给用户，这款产品要在同类型产品中某几个方面可圈可点，让用户产生心动的感觉。

如何通过使用场景来植入卖点？

第一步，挖掘产品卖点。不要去考虑产品的功能，而去考虑产品功能带来的好处。

第二步，为产品卖点匹配高共鸣场景。比如：一款大容量水杯（2 升），那么产品功能带来的好处是“不需要频繁加水”，哪怕是在户外，也能及时补水。所以我们搭配的场景可以是去公园、游乐场、旅游景点游玩时使用，或货车司机长途运输时使用。

第三步，同类产品对比，呈现痛点及解决方案。假定：我们选择的场景是货拉拉司机，一个 300 毫升的小水杯和一款 2 升的大水杯，哪一款更能够解决司机长距离路程的饮水问题？

第四步，做好内容，更好地触达用户。将上述内容整合到优质场景中，并拍摄成短视频，做好产品宣传。

干货类笔记如何融入产品推荐？

黄金结构：提出问题＋分析问题＋解决问题。

在解决问题环节，自然植入产品。

案例示范：

提出问题：

有没有人跟我一样，成了标准的“电量焦虑症”患者？

出门不到半天就到处找充电宝；

开会一整天根本不敢玩手机；

刷会儿视频、P 个图，电量就肉眼可见地往下掉……

分析问题：

其实手机耗电快，真不能全怪我们用得狠，主要是这几个原因。

原因一：

原因二：

原因三：

解决问题：

所以，一台能解决电量焦虑的手机，必须满足这几点。

① 超大电池容量：这是硬道理，是长续航的基石。

② 优秀的功耗优化：硬件和系统得配合好，把钱花在刀刃上。

③ 快充保障：万一没电了，能快速回血。

（植入产品）

对比测评类笔记，如何做到客观性与倾向性的双重把握？

确保三点：

第一，建立清晰统一的测评维度。让产品在同一标准下被衡量，而该标准尽可能有利于自己推荐的产品。

第二，展示完全可量化的数据和可视化的过程。比如护肤品，不要说很水润、口碑不错、品牌不错，而是要明确数据，比如含水量达百分之多少；同理，如果我们做数码类产品测评，就要明确告诉用户，充电后可连续播放视频的时长。

第三，坦诚公布产品的优缺点及适用人群和场合。不要把对比测评笔记做成夸夸笔记，只讲优点，不讲缺点，这样很难让用户信服。

小红书好物推荐笔记与正常笔记的发布比例是多少？

满足 1 ∶ 3 比例即可。

好物推荐笔记每发 1 条，正常笔记就要发布 3 条左右，我们不能把账号变成纯粹的营销号，或产品宣发号，要适当增加干货，提升内容的信息量，让用户或粉丝更信任我们。

6.2　薯店篇

小红书的开店流程

小红书官网右上方业务合作，点击“商家入驻”，选择个人或企业身份，注册账号并填写资料即可。

小红书不同店铺的资质要求有哪些？

个人店铺：凭借身份证入驻。

企业个体店：身份证、个体工商户营业执照，且保证营业执照无异常，营业执照照面信息与国家企业信用信息公示网一致，且营业执照经营范围包含所选品类。

企业普通店：与企业个体店信息一致，但须提供执照为公司营业执照。

企业旗舰店 / 专卖店 / 专营店：除企业普通店提供的证件之外，还需要提供商标注册证、商标文件或商标注册申请受理通知书。

注：企业旗舰店、专卖店和专营店三种店铺的入驻申请难度较大，且售卖产品会有限制，但平台流量会有加持。如果是这三类企业店铺入驻，需与平台进一步对接，防止出现问题。

小红书店铺装修的注意事项？

在售商品需大于等于6个，点击小红书店铺后台左侧，店铺键下方的“店铺装修”。

新人店铺，一键套用模板即可。

老店铺可以在淘宝、拼多多等平台购买店铺辅助装修套餐。

店铺装修目的：稳定顾客进店意向，提升店铺订单转化，便于智能分类、商品管理。

大家可以把店铺装修理解为去超市购物时超市的货架。理论上来说，货架一目了然，产品摆放有序，在用户有意向购买的前提下，购买产品的概率会增加。所以店铺装修只能起到锦上添花的作用，不能起到雪中送炭的作用。

小红书产品详情页如何设计？

商品详情页需要有以下7张图片。

1. 场景图；
2. 细节图；
3. 功能 / 用法演示图；
4. 规格 / 尺寸图；
5. 包装图；
6. 核心卖点图：特点、优势、好处；

7. 售后保障图：发货地和物流、运费险有无、售后政策、赠品政策。

小红书如何上架产品？

点击小红书店铺后台左侧“商品”键，找到商品管理，在商品管理主界面点击“发布商品”即可。

需准备好商品主图、商品标题、商品类目、商品属性、商品详情页图片及物流模板、发货模式、物流类型、运费模板、开售时间和售后服务。

注一： 绝大部分品类强制支持 7 天无理由退货，如果是特殊品类或某些产品不想支持 7 天无理由退货，第一时间与网页右侧的“帮助”键联系，点击进入后，输入“人工客服”即可。

注二： 在有产品且能确保能立即发货的前提下，开售时间选为“审核通过后立即上架开售”即可。

注三： 如果是自营品牌，需提前与快递站点沟通。比如圆通、申通等快递站点，确保每单快递费的价格在 5 元以下，同时，偏远地区最好设置额外的快递费用，否则很容易造成运费亏损。

注四： 商品类目千万不要选错，如因商品类目问题导致商品下架，需第一时间自查或找客服帮助，如执意上架有被扣除保证金的风险。

客服如何实现人工智能与人工的双重服务？

小红书店铺后台左侧“客服”键，选中“智能客服”。

在该界面找到“接待模式”设置，同时在“转人工”设置中设置关键词。

关键词设置的作用：方便产品出现问题后，我们第一时间能和客户对接并补偿，防止出现退款或投诉情况。

如何提高店铺的好评率？

第一，用户对小额产品不满意且极度挑剔的情况下，给用户仅退款即可。

第二，用户对大额产品不满意，且极度挑剔的情况下，可以对用户进行小额打款，比如补偿 10～50 元。（在小红书店铺后台，点击“售后”，点击“小额打款”，按流程操作即可。）

第三，开通运费宝，在利润可控的情况下，让用户对不满意的产品退换货时免运费。

第四，开通“买贵必赔”功能。给用户价格托底，防止因活动导致价格波动时，用户因价格不平衡而带来差评。（小红书店铺后台，点击“营销”，点击“买贵必赔”，按流程操作即可。）

第五，开通晒单有礼功能，让用户主动帮我们好评，提高产品的信服力。（小红书店铺后台，点击“营销”，点击“晒单有礼”，按流程操作即可。）

第六，打包快递时，可以额外赠送一份礼物。并在快递中附赠一张贴纸，表示如果对产品不满意，可以申请仅退款，但不要申请品退；同时表明这份小礼物是赠送给客户的，希望客户开心，如果对产品满意可以好评。（注：新人不建议在快递中附赠“好评返现”关键词，防止被投诉。）

如何提高店铺产品的复购率？

方法一：店铺推流。

小红书店铺后台，左侧推广，点击“新建推广”，在定向设置中，点击“高级定向”。

在电商行为人群中点击“直播行为”，选中“直播间老客”，即近 180 天内在本账号直播间支付大于等于 2 次的用户。

方法二：分发复购券。

在小红书店铺后台左侧“营销”中，点击“营销工具”，点击“商家券”，选中“复购券”，按流程操作即可。

方法三：会员提升黏性。

在小红书后台，点击左侧“用户”，点击“会员管理”。开通商家会员，提升用户转化，培养忠实用户。

注：市面上几乎所有的产品都可以二次复购或三次复购。提高复购率的本质是：提高黏性用户的信任。黏性用户在多次购买我们产品后，有一定概率引进新用户，来购买我们的产品，实现产品的指数爆发式销售。

如何通过笔记、视频的方式引流产品?

如果我们的笔记是爆款笔记，且已开通买手合作或本身就有店铺产品的分发权限，可以在笔记下方点击“评论”，在右侧商品功能中，一键选中自己店铺的商品，即可进行评论区售卖。

常见的薯店违规风险讲解

风险一：出售假冒商品。二手货、翻新商品，通过伪造虚假材料售卖，即商品质量不合格，属于小红书店铺的严重违规，轻则扣分，重则清退店铺。

风险二：恶意骚扰。若沟通过程中存在嘲讽、挖苦、谩骂、骚扰消费者的行为，风险累加。

风险三：通过不正当方式提高产品销量或刷虚假好评、刷虚假信用等行为，也属于违规。一般会扣除保证金或对店铺功能予以限制。

风险四：涉及广告法相关的违规行为。包括但不限于“最高级、国家级、最佳、顶级”等绝对词汇，以及商品的质量与规格参数不符等行为。

风险五：发布违规违法的商品信息。包括但不限于野味、某些珍稀绿植或其他产品。

注：这几类是新人开店铺最常见的违规行为，鉴于篇幅原因，其他违规行为我们不做过多讲解，大家点击“小红书电商学习中心”，选中“规则中心”，内有详细的规则公告。

第7章

如何引流私域和做 IP 账号

各大短视频平台对于引流到私域，态度往往模棱两可，既不支持、也不反对，反对的是违规引流到私域。所以我们本章将会重点给大家讲解如何在不触犯平台规则的前提下把粉丝引流到私域，做好 IP 账号。

7.1 引流私域篇

如何通过图文 / 视频 / 直播笔记引流私域?

一、笔记置顶。专门编辑一篇笔记，笔记中包含个人联系方式，尽量隐晦一些，在之后的笔记评论中留下暗示信息，引导用户添加。

二、评论区互动。在图文视频或直播过程中，引导用户在评论区私信“666”或回复“1”等关键词，既能增加用户在短视频笔记或直播间的停留时长，增加更多曝光，又能筛选精准用户，之后可以拿小号或企业小红书账号，进行私信对接。

三、设计唯一指定关注账号且用户可见。在该账号中仅发布一条小红书笔记，笔记中标记自己的联系方式，引导用户去关注账号中找到联系自己的方式。

如何通过简介引流私域?

可以通过文字形式添加微信号、抖音号、知乎号，便于用户一键添加。

这一环节设计得要巧妙些，否则很容易被平台动态检测抹掉，即简介被系统重置。

可以标注“全网同名”，同时在抖音、快手、知乎号的简介中添加微信联系方式。

如何通过群聊引流私域?

群聊创建方式:

小红书后台界面，点击“群聊”，点击“创建群聊”，输入群昵称、群介绍，同时选中“个人主页展示群聊”，一键创建。

注一：在群名称和群介绍中，不可以有任何标记私域信息或个人联系方式的相关话术，否则会被重置。

注二：可以另外创个小号，把小号拉入群聊中，且小号只有一条视频，视频中只有自己的联系方式，在群内做高频互动即可。

如何通过付费方式引流私域？

这个功能仅限于企业账号，通过企业营业执照申请专业号，开通蓝 V，每年 600 元，开通后点击左上方三栏，点击“创作中心”，点击“更多服务”，点击“开通专业号”开通专业号。在 PC 端登录专业号后台，点击“营销工具”，点击“获客工具”，点击“商家名片”，点击“新建名片”，点击“微信填写”，点击“确认”即可。

平台对私域引流的常见限制有哪些？

首次违规，清除历史违规评论、违规笔记，限流，重置个人资料。

第二次及以上违规，平台将清理历史违规评论和笔记，重置个人资料，同时限制账号的商业权益和互动功能等。

这是薯管家发布在小红书平台的违规惩罚公告，这个公告比较模糊，我重点来讲一下二次及以上违规，被平台限制权益和功能的惩罚力度。

一般情况下是阶梯式惩罚。即第二次违规，惩罚力度稍强一些，在之后每次都比上一次严重。

长期引流私域对账号的影响有哪些？

长期违规引流：限流或者封号。

通过薯店或付费方式引流：无影响。

引流私域到企业微信与引流私域到个人微信哪一个更好？

企业微信。

个人微信频繁加大量好友，很容易被判定账号异常，同时个人微信不够权威。尤其涉及一些高端品牌的宣传，用户很难信任我们。

最重要的是个人账号一旦出现问题，那账号内的所有好友是很难转移到其他账号的；但企业微信某一个账号出现问题，不管是员工离职，还是业务接洽、迭代、升级都可以转移到其他账号，一键操作即可。

私域社群如何设计聊天话术来提升用户留存率?

第一步：瞬间响应 + 真诚欢迎 + 价值确认

例子："您是通过小红书哪篇笔记找到我们的呀？"

第二步：深度互动 + 挖掘需求 + 提供专业价值（打造口碑）

例子：

情景一：如果用户目标明确

"太好了！这款（产品名）是我们的明星产品，特别适合（解决什么痛点，如夏天清爽防晒）的需求。"

情景二：如果用户犹豫不决

"没关系的！先逛逛了解一下，很多客户最开始也和您一样，后来他们发现了我们家的（品牌核心优势，如原料特别安全、设计很贴心）之后就爱上了。"

第三步：价值升华 - 分享品牌故事与细节

"您眼光真好！这款产品背后还有个小心思呢，我们的设计师当时就是为了解决（某个具体问题），才选用了（某种材料、工艺），虽然成本高，但客户反馈说（带来的具体好处）特别值。"

如何在私域社群中活跃用户?

社群活跃需要提供以下四种价值中的至少 1 种。

信息价值、资源价值、情感价值和成长价值。

群定位与更名：给群一个清晰的名字和定位。

设计"欢迎仪式"：欢迎新成员入群。

固定栏目化运营：让用户形成期待和习惯。

比如：

每周 ×：干货分享日（分享一篇深度内容），使用群打卡、抽奖、红包、投票等小程序功能，来提升参与感。

私域运营可以用哪些靠谱的软件？

小鹅通：如果是知识付费产品的交付，小鹅通目前是最优选择。

荔枝微课：如果短期资金不充沛，且只是小规模企业，那可以用荔枝微课做知识付费，但功能没有小鹅通全。

微信小店：如果是产品交付，包括但不限于化妆品、生活日用品，可以在微信小店做产品交付，私域支付最为便捷。

7.2　IP 账号搭建篇

小红书想要搭建 IP 账号，核心要素有哪些？

身份定位、价值定位、受众定位：你现有的定位，能为你的粉丝提供什么独特价值？

人物人设、内容体系、商业变现：你的 IP 人设能否创建出高质量内容？同时，将这部分内容用于商业变现。

如何通过故事化内容强化 IP 辨识度？

故事化 IP 不是简单的讲故事，而是讲述有利于 IP 发展的故事。

所以这就要求我们的故事包括三个层级，分别是表层、中层和内核。

表层讲你的服务，中层讲你的价值观，内核讲你的初心和使命。

举例：我是一名减肥博主。

表层：我能给大家提供专业的减肥咨询，1 对 1 制订减肥计划。

中层：我获得了营养学相关证书，并且从原先的 190 斤成功减到 130 斤，只用了 4 个月。

内核：我曾因盲目减肥导致身体素质急速下降，甚至住院两个月。我希望每一位想减肥的人，都能找到正确的且适合自己的减肥方法，拥有青春、健康和美貌。

如何通过专业性内容强化 IP 辨识度？

专业性 IP 通常有三个核心要素，分别是可信任、可应用、有差异。

可信任要求我们的内容精准，不会出现问题；可应用要求我们给的建议可以直接上手实操，且能获得成效；有差异要求我们的内容和其他博主有明显的差异。

如何通过商业性内容强化 IP 盈利性？

商业性 IP 的核心是基于信任的付费价值观。

所以商业性 IP= 故事性 IP+ 专业性 IP。

其核心只需要遵循一个逻辑，即你的 IP 的核心价值能迎合用户的真实痛点，同时，你推出的产品能解决该问题。

如何提升粉丝黏性？

我给大家做了一份粉丝黏性自测表，大家只要按照表格内容执行，就可以提升粉丝黏性。

维度	检查事项	执行频率	状态
内容维度	是否有固定发布频率	每1～2日	□是 □否
	近期内容是否有粉丝提问的问题？	占比1/4	□是 □否
互动维度	评论区的核心评论是否都回复了？	每日	□是 □否
	是否有直播且与粉丝有互动？	每周	□是 □否
价值维度	是否为粉丝准备了干货资料？	每月	□是 □否
	是否系统性地解决了粉丝私信问题？	每3～7日	□是 □否
归属感维度	是否有粉丝专属称号？	建议有	□是 □否

负面评论的相关话术处理

负面评论可以分成三类：

粉丝衷心建议、误解疑惑、恶意攻击抹黑。

对于粉丝的衷心建议回答模板为："非常感谢你的指正！你说得对，这个地方确实是我疏忽了，表述不准确，已经记在小本本上啦！后续会更严谨，欢迎继续监督呀！"

对于误解疑惑回答模板为："很好的问题！因为视频时长限制，我没法完全展开。其实（简单补充一个知识点）。如果你想深入了解，可以去看我 ×× 期视频，专门讲了这个问题哦！"

对于恶意攻击抹黑操作流程为：删除评论并拉黑账号。

注：当我们成为头部主播或在某些小众赛道中拿到成绩的新人时，不排除一些人给我们的账号恶意抹黑，甚至是有组织地抹黑，因为一个赛道的蛋糕就这么大，难免会产生争执。这个时候解释再多都没有任何实质意义，我们要明白一点，这些恶意攻击、恶意抹黑，甚至上升到伦理道德的嘲讽，他们已经不可能成为我们的用户了，既如此，直接拉黑、删除了事。

如何通过 IP 身份来实现广告变现？

垂直赛道且有精准粉丝画像，且画像与品牌方的需求匹配。

同时，我们的作品内容的数据表现要远超及格线。这里不只某一条作品突然出现爆款，而是指往期所有作品流量稳定。要注意：相较于爆款作品数据而言，品牌方更愿意看到一个流量稳定，且报价在自己接受范围内的博主承接商业广告。

如何通过 IP 身份来实现电商变现？

IP 身份做电商变现，并不是严格意义上的卖货，而是你的 IP 所代表的生活方式、审美品位和专业解决方案与用户需求相吻合，这就需要我们做好以下三个环节。

环节一：选品。选品不一定是最廉价的，在小红书平台做性价比意义不大，而是要求精准且高度契合。精准是解决用户痛点，高度契合是符合自己的 IP 人设。

环节二：种草。种草不是为了让用户去买，而是告诉用户，我现在讲的这款产品，能解决哪些问题。

环节三：直播节奏。电商变现的利润最大值并不在于图文笔记，也不在于视频笔记，而在于直播。所以这就需要我们有一个较强的直播中控，同时，我们的节奏也必须端得稳，不拖沓。

如何通过 IP 身份来实现知识付费变现？

知识付费一般分三个梯度，分别是引流产品、入门产品和核心产品。

引流产品价位为 0.01～9.9 元，核心目的是建立信任、沉淀私域、筛选用户。

入门产品价格一般在 99～999 元，核心目的是用较少的精力，服务足够多的优质用户，同时能满足他们的基础诉求。

核心产品价格一般在 1099～9999 元，一般是以年为周期做交付，同时有 1 对 1 咨询诊断，或者囊括线下闭门会、企业内训、私教等服务。

注一：私董会相关的服务如果没有强 IP 属性，原则上不建议办，风险较大。

注二：IP 身份是身份，但 IP 身份并不等同于知识付费，因为用户并不能精准知道我们的知识付费交付到怎样的效果，所以就需要分流，即先拿小价格产品引导用户购买，同时在小价格产品上做高价值服务，只有这样，才能让用户产生信任，产生持续购买意愿。

如何将私域引流与 IP 变现锁死？

第一步：思维转变，从流量思维转向 IP 思维。

我们应该摆脱流量为王的想法去创作小红书内容，也不再以曝光和粉丝数上涨作为唯一指标，而是要搭建 IP 人设，创作 IP 内容。

第二步：价值服务。

用户本质追求的就是服务价值，我们能够给用户什么价值？这个价值绝对和我们在平台发布的内容有差池，甚至设计一个小答疑也可以，要让用户感受到差距，才愿意在私域中沉淀。

第三步：精准变现。

当我们前面两步做好后，理论上用户会催着我们去变现，我们要设计出 IP 延伸出来的产品。既可以是知识付费，也可以是实体产品，甚至可以包括社群产品。

第四步：裂变。

私域社群如果只有从平台引流过来的人群，是远远不够的，我们既需要在平台源源不断地引流新人进私域，同时又要让用户群体主动帮我们做裂变，以此来实现用户数量提升，更好地做价值服务和精准变现。

如何搭建会员体系？

这里的会员体系不是小红书店铺的会员体系，而是我们私域中的会员体系。

会员的本质并不是为了获取利润，而是为不同用户提供差异化价值，并与高价值用户建立长期稳定的关系。

会员身份能提供的超值价值：

内容价值、服务价值、产品价值、身份价值。

同时让会员身份与非会员身份在接触上述信息时，有明显的差距。

如何从个人品牌走向团队化运营 IP 品牌？

请务必清楚，一旦个人品牌转向团队化运营 IP，这就意味着创作的内容不再只针对个人喜好，而是服务于一个精准的品牌。

你创作的内容也会从“我想创作什么”转变为“我创作这个内容对品牌有什么帮助”。

所以这需要我们走三步：

第一步：内容标准化。建立选题库，制作内容创作流程图。

第二步：人员标准化。招聘员工或创业合作者，针对你设计的选题库安排相应工作和任务，你将从完整的内容操盘者变成实际的高价值产出者。

第三步：IP 品牌化。你至少需要三类员工，分别是内容组、运营组、商务对接组。由他们托举你实现最终的去个人化，打造出属于你真正意义上的 IP 品牌。

第 8 章

如何做好全域流量

小红书的流量固然重要，但如果我们只把目光局限在小红书，是绝对不可的！无论是图文笔记、视频还是直播，都耗费了偌大精力，如何把这一份精力变成若干份收获呢？

我们能否把图文笔记发到公众号上，把视频内容发到视频号、抖音、快手、B 站、今日头条上？如何把原先的一份流量变成若干份流量，再实现流量的高级变现？这将是我们本章内容的核心。

全域流量的核心定义与价值是什么？

全域流量的核心：通过整合各大自媒体平台的所有资源，将公域流量转化为私域流量。

全域流量价值：将私域流量转变为我们的黏性资产，再通过精细化运营，实现利益最大化。

全域流量运营对小红书的影响有哪些？

优势一，提升全网影响力。我们只在小红书平台发布作品，就意味着在抖音、快手、视频号、B 站无法被关注，甚至都无人知晓。而当我们把小红书作品发布到其他平台时，就会拥有对应平台的影响力。

优势二，提升整体收益的可能性。比如抖音的中视频计划、B 站的创作激励、快手的光合计划。

优势三，对品牌方的吸引力会更大。比如在小红书平台接广告、合约、合作时，如果我们有抖音、快手等其他平台的账号，且粉丝量可观，甚至可以和品牌方洽谈，能否将这条视频同步分发到抖音、快手，获得多份收入。

优势四，分散运营风险。任何一个平台都不是一成不变的，都会面临流量波动、算法波动，甚至因为某些特殊原因触犯平台规则，导致账号封禁或账号限流，多平台运营会多一份托底。

劣势：

平台规则不同，就会导致作品在小红书出现爆款，别的平台无人问津。

凭空增加了更复杂的规则和玩法，耗费更多精力。

平台鼓励还是打压全域流量的运营方式？

想打压，但无法打压。

任何一个平台都希望优秀博主在自己这个平台上发展，甚至恨不得和博主签订独家合作协议。但问题的关键在于，多平台之间这么多年的发展，早已形成了微妙的平衡。博主想去别的平台发布作品，自家平台是无力阻止的，当然也包括小红书平台。

所以一些小伙伴会担心，如果我的作品发布到别的平台，是否会被小红书平台限流？答案是不会。我们放心大胆地把作品同步到其他平台即可。

小红书内容如何分发到其他平台？

图文笔记：分发到今日头条的微头条、百家号的动态、公众号的问一问。

视频笔记：发布到抖音、快手、B 站、视频号。

直播：借助 OBS 推流，同步到抖音、快手、B 站、视频号。

注一：同步到其他平台时，不得包含竞品内容。比如图文笔记中，内容如果是《如何选用美妆护肤产品？》没问题，但如果是《小红书账号如何运营？》《如何玩转小红书流量？》《在小红书平台如何实现粉丝暴增？》则不行。

注二：OBS 推流一般需要直播中控，来兼顾各平台的信息。如果是个人直播，原则上建议在小红书平台直播即可；如果需跨平台同时直播的话，最少需要一位直播中控，来辅助我们操作。

跨平台用户画像如何统一管理？

无法统一管理！

很多人想的是，我只要把一条视频、一份笔记分发到多个平台，就可以坐享其成。但是每一个平台的调性，甚至最基本的男女用户比例都不一样，这就需要我们针对主要平台做重点运营，对次要平台做辅助运营。

主要平台一共有 4 个。分别是抖音、快手、视频号和 B 站。这 4 个平台的用户画像需要分类管理，其中抖音、快手的用户画像有相似之处，可以帮助我们节省部分精力。

跨平台流量如何导流到小红书？

方法一：全网同名，且在简介处重点标记。

方法二：评论区互动引流。用小号发布置顶评论，“感兴趣的宝子可以去小红书找博主，看最新视频。”

方法三：做差异化。比如我们创作一条视频笔记，全网发布的前提是，小红书要优先全网发布 1 个小时。这样，当我们的粉丝想要看最新内容时，就会找到小红书账号，增加黏性。

注：我们之所以把别的平台流量导流到小红书平台，是因为小红书的粉丝性价比最高，也是最值钱的。比如，一个 10 万粉丝的美妆博主在抖音接一条商业广告的报酬大概在 2000～5000 元，在快手大概在 1000～3000 元，而在小红书可能会达到 1 万～2 万元。

小红书如何为线下门店引流？

一、伪装成一位顾客。拍摄高质量、有氛围感的门店环境、产品细节以及顾客互动瞬间，引导用户关注店铺。

二、设计打卡点。可以是一面特殊的墙、一个艺术装置，设计得精美些，在小红书引起共鸣，引导用户前来打卡。

三、讲理念、做情怀。主理人出镜，讲述自己开店的理念、创业的故事以及产品背后的意愿。

四、设计优惠券。小红书平台专属优惠券，可凭此优惠券购买在别的平台无法领取到的优惠产品。

五、引导用户发布小红书笔记。配图 +100 字心得，可领取伴手礼一份。

注：小红书目前的流量越来越多，同时商家的竞争压力明显低于抖音平台。如果店铺老板或主理人能用小红书做流量裂变，会起到奇效。

线下门店或品牌以及产业如何为小红书引流？

难度较大！

一般全国连锁商超或大型品牌旗舰店可以在小红书账号设置专属优惠券，打造知名度，实现线下门店、品牌产业为小红书引流；但对于普通店铺来说，比如一个饭店，每日就餐人数有限，能实现的精准触达人数有限。更重要的是即便给予就餐人员礼物、赠品，表示只要点关注账号，就可以获得小礼品、小挂件，粉丝黏性可能也没有我们想象的那么好。

所以，一般我们更建议是小红书账号做起来，为线下门店引流，而不是线下门店为小红书引流，本末不要倒置。

全域流量在布局时，有哪些操作易导致账号风险？

不同平台的审核规则差异较大，小红书一般侧重于原创和真实体验；而抖音、快手更侧重娱乐，同时快手做下沉市场；B 站更偏向于二次元和知识增量，所以我们做全域流量时，很有可能会出现小红书与 B 站的流量很高，但是抖音、快手的流量偏低的情况。

注：如果不考虑流量问题，那么全域运营的最大风险在于，当小红书的作品发布后，如果不能及时同步到抖音、快手和 B 站等短视频平台，很有可能会被别人盗用，变成李逵和李鬼的较量。

为了减少自证原创的情况出现，一般建议视频发布的时间间隔不高于两个小时。在小红书平台发布作品后，其他平台要在两个小时内把作品同步发出去。

团队如何搭建全域流量运营表？

基础数据监测表：

平台	内容标题	发布时间	播放量/阅读量	核心指标（如完播率/收藏率）	粉丝数	互动率	投入产出比（如没有则不需要填）
小红书	5个技巧……						
抖音	3秒教你……						
B站	专业……						
……	……						

注：该表格可作拆分，将小红书与某个平台单独比对。表格的核心是为了区分同一个视频在不同平台的跑量，以及不同平台的粉丝黏性等。